Richard Heskamp · Andreas Eiynck

Emsland

Ein Stück näher zur Natur

REGIO

Edition Rasch & Röhring

Inhalt

Vorwort

Alles begann mit dem Bau der ersten Ferienhäuser rund um das Wasserschloss Dankern in Haren (Ems) zu Beginn der 1970er Jahre: Lag das Emsland bis dahin in touristischer Hinsicht noch im „Dornröschenschlaf", so hat Schlossherr Manfred Freiherr von Landsberg-Velen mit seiner für damalige Zeiten überaus innovativen Idee die Voraussetzungen dafür geschaffen, dass sich das Emsland bis heute mit 1,5 Millionen Übernachtungen in gewerblichen Betrieben (Stand: 2008) zu einer der beliebtesten Urlaubsregionen Niedersachsens entwickeln konnte. Auch wenn das Ferienzentrum Schloss Dankern heute immer noch das Zugpferd für Emsland-Urlauber ist, so ist inzwischen kreisweit eine touristische Infrastruktur entstanden, die nur noch wenige Wünsche offen lässt.

Besonders Familien mit Kindern, aber auch Aktivurlauber kommen im Emsland auf ihre Kosten: So gilt die Region als echtes „Fahrradparadies" – insbesondere mit der rund 300 Kilometer langen Emsland-Route sowie zahlreichen Nebenstrecken und Verbindungswegen. Die Strecke folgt den Flussläufen von Ems und Hase und führt durch die verschiedensten Naturräume, die das Emsland in besonderer Weise prägen – von Wiesen und Wäldern über ausgedehnte Moorgebiete bis hin zur sanften Hügellandschaft des Hümmlings. Auch überregionale Radwanderrouten, etwa in Richtung Bremen, Oldenburg oder die Niederlande, führen durch die Region.

Doch das Charakteristikum „Aktivurlaub" bezieht sich nicht allein auf das Radfahren. Denn insbesondere auch Wassersportler und Reiter finden hier ein ausgedehntes und gut ausgebautes Netz, um ihrem Hobby voller Begeisterung nachzugehen.

Über das vielfältige touristische Angebot hinaus spielen aber auch andere Faktoren eine Rolle, wenn es um die Wahl des Emslandes als Urlaubsziel geht: Kultur und Technik bilden hier eine Art Symbiose und geben im Zusammenspiel ein authentisches Bild des Emslandes wieder. Heimat- und Frühgeschichte, Mühlentechnik, Schifffahrt, Landwirtschaft und Moorerschließung – diesen Themen widmen sich die insgesamt 21 Museen der Region und zeigen damit die Geschichte und Tradition des Emslandes auf. Höhepunkt ist dabei ohne Zweifel das barocke Jagdschloss Clemenswerth in Sögel, das nicht nur wegen seiner musealen Sammlung, sondern auch wegen der besonderen Baukunst ein herausragender Besuchermagnet ist. Demgegenüber steht die Papenburger Meyer Werft mit dem Bau modernster Luxusliner für die Innovation und wirtschaftliche Stärke der Region.

Diese Verknüpfung von Tradition und Moderne ist es, die das Emsland heute auszeichnet und von den Menschen in der Region aktiv gelebt wird.

Genauso präsentieren sich auch unsere Städte und Dörfer: Sie bewahren ihren eigenständigen Charakter und sind gleichzeitig offen gegenüber modernen Lebensansprüchen.

Der vorliegende Bildband „Emsland – Ein Stück näher zur Natur" gibt in Text und Bild einen gelungenen Überblick über die Schönheit und Vielfalt der Region. Ich würde mich freuen, wenn er bei Ihnen die Lust auf einen Emsland-Urlaub weckt.

H. Bröring

Hermann Bröring
Landrat des Landkreises Emsland

Von Salzbergen bis Lingen

Zwischen Salzbergen und Lingen zeigt die Ems noch ihren natürlichen Lauf. Hier beginnt für viele die Entdeckungsreise zu Natur und Landschaft im Emsland, per Fahrrad, per Boot, zu Fuß oder mit dem Auto.

Viele Wege führen in das Emsland. Der schönste startet am Bahnhof von Rheine, und von dort geht es mit dem Fahrrad auf der Emslandroute immer der Ems nach. Rasch nimmt man noch ein paar Eindrücke aus Rheines historischer Altstadt mit. Deren Keimzelle, der Falkenhof, wurde einst als Burgmannshof auf einem hoch aufragenden „Kliff" über dem Steilufer der Ems errichtet. Heute können der Falkenhof und seine Kunstschätze als städtisches Museum von jedermann besichtigt werden.

Die „Emslandroute" führt durch die Gärten und Vorstädte von Rheine an der Ems entlang und erreicht schon nach wenigen Kilometern einen einzigartigen Landschaftspark mit dem „Bentlager Dreiklang": dem Naturzoo Rheine, der Saline Bentlage mit einem der ältesten Gradierwerke Deutschlands aus dem 17. Jh. und dem Klosterbezirk des früheren Kreuzherrenklosters Bentlage. In seinen barockzeitlichen Parkanlagen und den im Laufe von vielen Jahrhunderten entstandenen Klostergebäuden kann man den Hauch der Geschichte förmlich atmen. Beeindruckend sind die geretteten Kunstschätze aus der untergegangenen Klosterkirche, die heute im Klostermuseum zu bewundern sind. Neben zahlreichen mittelalterlichen Plastiken von hohem künstlerischen Rang zählen die bekannten Bentlager Reliquienschreine zu dem Qualitätvollsten, was Nordwestdeutschland an spätmittelalterlichen Reliquienschätzen bewahrt hat. Die aus Kunstblumen gearbeiteten „Paradiesgärten", in welche zahllose Schädel- und Knochenreliquien mittelalterlicher Heiliger eingearbeitet sind, bilden einen eigentümlichen Kontrast zu den urwüchsigen Landschaften, denen man in den nächsten Tagen auf der Emslandroute begegnen wird.

Wer den stimmungsvollen Einklang von Kultur und Landschaft mag, der kommt schon zwischen Rheine und Lingen überall auf seine Kosten. Und einige der landschaftlich schönsten Emspartien kann man gleich an der Landesgrenze in Salzbergen, der südlichsten Gemeinde im Emsland, erleben. Die Emslandroute führt durch den Bentlager Wald direkt am Emsufer entlang zur „Schleuse Bentlage". Diese wurde im Zuge des Emsausbaus im 19. Jh. für die damals noch recht lebhafte Emsschifffahrt eingerichtet. Seit dem Wiener Kongress 1815 standen sich hier im südlichen Emsland das Königreich Preußen und das Königreich Hannover als rivalisierende Mächte gegenüber. Den Fluss für die Schifffahrt nutzen konnten sie nur gemeinsam. Und so prangt an der Bentlager Schleuse der preußische Adler, während an den nördlicheren, schon auf hannoverischem Gebiet gelegenen Schleusen in Listrup und Hanekenfähr auf den Wappentafeln das Welfenross zum Sprung ansetzt.

Aus der Barockzeit stammt das Wasserschloss Stovern bei Salzbergen, einst Wohnsitz des Amtsdrosten des münsterischen Amtes Rheine-Bevergern und bis heute im Besitz der münsterländischen Adelsfamilie von Twickel. Der „Stoverner Busch", ein herrliches Waldgebiet, trennt den Gutsbezirk vom modernen Industrieort Salzbergen mit seinem neuzeitlichen Charakter. Hier entstand 1860 die erste Erdölraffinerie Deutschlands, in der damals hauptsächlich Lampenöl für Petroleumlampen hergestellt wurde. Heute produziert die Raffinerie anspruchsvolle Schmierstoffe und Spezialöle für den technischen Bedarf.

Nach verheerenden Luftangriffen im Zweiten Weltkrieg wurde der unmittelbar an der Bahnlinie gelegene Ortskern weitgehend modern wieder aufgebaut.
Aus den Trümmern neu entstanden ist die Pfarrkirche St. Cyriakus, eine imposante neugotische Hallenkirche, erbaut 1903 nach Plänen des Osnabrücker Diözesanbaumeisters Alexander Behnes. In der Kirche befindet sich die „Klünersche Muttergottes", ein mittelalterliches Marienbild, das der Sage nach auf

Das barocke Wasserschloss Stovern bei Salzbergen steht in der Tradition der Münsterländer Wasserburgen mit ihrer typischen Architektur aus Back- und Sandstein.

Zum lebendigen dörflichen Leben gehört die jährliche Kirmes im Ortskern, wie hier in Salzbergen vor der Kulisse der neugotischen Pfarrkirche St. Cyriakus.

wundersame Weise aus dem Heiligen Land nach Salzbergen gelangte und im Zweiten Weltkrieg in der sonst restlos zerstörten Kirche unversehrt erhalten blieb.

Die Schiffbarmachung der Ems im 19. Jh. war nicht das erste und nicht das letzte große Verkehrsprojekt auch der Nord-Süd-Achse im Emsland. Wo heute die Eisenbahnlinie Münster-Norddeich, der Dortmund-Ems-Kanal, die Bundesstraße 70 und die Emslandautobahn A 31 die wichtigsten Verbindungen zwischen Westfalen und der Nordseeküste bilden, führte einst die „Friesische Straße" von Münster über Rheine und dann immer an der Ems entlang bis zu den friesischen Handelsplätzen im Emsmündungsraum. Schon der Heilige Ludgerus, erster Bischof von Münster, nahm diesen Weg, wenn er sich von Westfalen aus in sein friesisches Missionsgebiet aufmachte.

Die friesische Straße führte im Mittelalter noch durch große Waldgebiete. Reste davon kann man in Schulze Schweifings Auenwald unmittelbar nördlich der heutigen Landesgrenze sowie im Ahlder und im Mehringer Wald zwischen Salzbergen und Emsbüren noch erleben. Diese Wälder waren wegen der Überfälle durch Räuber und der Verfolgungen durch Geister bei den Reisenden und Kaufleuten einst gefürchtet. Heute bestehen diese Gefahren meistens nicht mehr und wer auf der Emslandroute den Mehringer Wald glücklich durchquert hat, kann beim bekannten „Café in't Hüerhus" der Familie Hülsmeier in typisch emsländischem Ambiente eine Verschnaufpause einlegen und sich bei traditionellen emsländischen Speisen und Getränken für die Weiterfahrt stärken.

In Emsbüren richtete sich der Heilige Ludgerus einen Amtshof als Absteigequartier ein. Hier entstand auch die erste Kirche im linksemsischen Gebiet, das mit den Kirchspielen Salzbergen, Emsbüren und Schepsdorf einst den nördlichsten Zipfel des Münsterlandes bildete. Bis 1815 war man hier ganz auf Münster und Westfalen ausgerichtet.

Die mittelalterliche Pfarrkirche und der historische Ortskern, der münsterische „Richthof" und das Pfarrhaus mit dem herrlichen Pfarrgarten geben dem Ortsbild in Emsbüren sein besonderes Gepräge. Das Touristikbüro ist in der hannoverischen Amtsvogtei von 1824 untergebracht, die gleichsam den Übergang des Ortes vom Fürstbistum Münster an das Königreich Hannover dokumentiert.

Von Salzbergen bis Lingen

In Emsbüren soll im 19. Jh. auch das bekannte norddeutsche Volkslied von „Pastor siene Koh" mit seinen unzähligen Strophen und Varianten entstanden sein. In dem Lied wird berichtet, dass der gutmütige Pfarrer seine Kuh schlachten ließ, um mit dem Fleisch die Armen des Dorfes zu unterstützen. Doch bevor die an der Reihe waren, wollten noch viele andere Bewohner des Dorfes auf ihre Kosten kommen. Als darüber die Armen schließlich leer ausgingen, dichtete ein Dorfpoet darauf ein Spottlied, das bald in ganz Deutschland bekannt wurde. Diese Episode soll sich um die Mitte des 19. Jhs. zu Zeiten Pastor Deiterings in Emsbüren ereignet und so die Vorlage für das Lied geliefert haben. Vor einigen Jahren setzte man ihm und seiner Kuh dafür unweit der Kirche sogar ein Denkmal.

Die alten Emsdörfer wie Holsten, Bexten und Listrup (rechtsemsisch), Mehringen, Bernte und vor allem Elbergen (links der Ems) gehören zu den historisch interessantesten bäuerlichen Siedlungen im Emsland. Wie Perlen einer Kette reihen sie sich an den hochwassersicheren Uferterrassen der Ems auf. Schon seit Jahrtausenden wurde dieses Gelände von Menschen besiedelt. So weist der Emsbürener Raum eine Fülle von bedeutenden archäologischen Fundplätzen auf. Das Großsteingrab in Mehringen und die Hünenburg bei Emsbüren sind die bekanntesten Zeugen der Vorzeit in diesem Raum.

Einen guten Eindruck vom bäuerlichen Leben im Emsland in vorindustrieller Zeit vermittelt der Heimathof Emsbüren mit seinem umfangreichen Gebäudebestand, einem traditionellen Bauerngarten und einem Kräutergarten mit vielen Heilkräutern. Den Weg vom Korn zum Brot kann man in der Enking-Mühle in Emsbüren nachvollziehen, deren Mühlenflügel schon von weither den Weg weisen. Der massive Mühlenturm wurde aus Bentheimer Sandstein errichtet und enthält neben einer voll funktionsfähigen Mahleinrichtung auch ein viel besuchtes Mühlencafé. An die Mühle angegliedert ist die Schwarzbrotbäckerei Enking, in der bis heute nur aus Roggenschrot und Wasser das traditionelle „Pumpernickel" hergestellt wird.

Bei all diesen Spuren der Geschichte sollte man die Landschaft nicht vergessen. In weiten Schleifen und Mäandern zieht sich die Ems durch ihr Tal, gesäumt von Auenwäldern, Flussniederungen, Altarmen und Feuchtbiotopen. Im Rahmen eines großen LIFE Natur-Projektes der Europäischen Union wurden in den letzten Jahren viele Flächen an der Ems für den Naturschutz gesichert und der Natur zurückgegeben. Wohl nirgendwo sonst ist die Emslandschaft so urtümlich wie auf dem unausgebauten Flussabschnitt zwischen Rheine und Lingen. Unter Boots- und Kanufahrern ist dies längst kein Geheimtipp mehr und von Hanekenfähr aus fahren den Sommer über täglich Ausflugsboote zu den schönsten Partien an der Ems.

Apropos Flussausbau: Hanekenfähr ist ein interessanter Kreuzungspunkt alter und neuer Verkehrswege. Die Ems und der Dortmund-Ems-Kanal, der Ems-Vechte-Kanal und der frühere Ems-Seitenkanal stoßen hier zusammen und werden überspannt von einer mächtigen Stahlbrücke der Eisenbahnlinie Rheine – Emden. Dieser Knotenpunkt wird eingerahmt von der Silhouette der Atomkraftwerke, der Gaskraftwerke und eines Stahlwerkes unmittelbar am Ufer der Ems. Doch wendet man den Blick, dann schaut man über die Ems hinweg auf die Elberger Schlipse, eines der schönsten Waldgebiete im Emsland, durchzogen von alten Emsauen und Feuchtwiesen. Durch dieses Waldgebiet nimmt auch die Emslandroute ihren Weg. Zum Schutz der Kaufleute auf der Friesischen Straße ließen die Bischöfe von Münster hier einst die Burg „tor Schlipse" errichten. Sie wurde 1337 von den Tecklenburger Grafen, die jenseits der Ems die Landesherrschaft beanspruchten, zerstört. An ihre Stelle trat

Relikt traditioneller Landwirtschaft: alte Scheune auf Sandsteinpfeilern in Steide bei Salzbergen.

später das Schloss Herzford, ein einsam gelegenes Wasserschloss mit einem wohlgestalteten barocken Gutshaus von 1728 inmitten weitläufiger Parkanlagen.

Am nördlichen Ende der Schlipse liegt Schepsdorf mit der St. Alexander Kirche, einst Etappenort der mittelalterlichen Wallfahrer bei ihren Pilgerreisen zu den Gebeinen des Heiligen Alexander. Sie wurden im Jahre 863 in die Stiftskirche nach Wildeshausen übertragen und entwickelten sich bald zum Ziel zahlreicher Wallfahrer aus den Niederlanden. Schepsdorf erhielt seinen Namen von dem Fährschiff, das hier im Zuge der „Flämischen Straße" von Flandern nach Norddeutschland die Ems überquerte. Früher nur ein paar Ruderschläge mit dem Fährkahn, heute nur ein kurzer Moment auf der Emsbrücke, und man erreicht Lingen, die größte Stadt im Emsland.

Lingen ist das städtische Zentrum des Emslandes, wirtschaftlicher Schwerpunkt und kultureller Mittelpunkt der Region Emsland/Bentheim. Industrieparks und Großbetriebe des Energiesektors markieren schon von weitem die Silhouette der Stadt. Die Fachhochschule in den früheren Hallen des Eisenbahnausbesserungswerkes, das Theater an der Wilhelmshöhe, die Lookentor-Passage und das Cine-World-Kino, das St. Bonifatius-Hospital und die Hedonklink, die Emslandhallen und das Linus-Freizeitbad sind nur einige der Punkte, die der Stadt Lingen Qualitäten eines Oberzentrums verleihen.

Im Zentrum liegt die viel besuchte Fußgängerzone in der attraktiven Lingener Altstadt, deren zahlreiche Baudenkmäler die wechselvolle Stadtgeschichte widerspiegeln. Das historische Rathaus am Marktplatz symbolisiert mit der markanten Kontur seines Treppengiebels bis heute das bürgerliche Selbstbewusstsein der Stadt. Die Ruinen der früheren Burg Lingen mit dem Pulverturm stammen noch aus der Zeit der Grafen von Tecklenburg, die Lingen im späten Mittelalter zur Hauptstadt einer selbständigen Grafschaft Lingen ausbauten. Die Reste der Festungsanlagen im Bereich der Stadtgrabenpromenade erinnern an die Zeit der spanischen Besatzung, als Lingen ein Bollwerk der Habsburger in Norddeutschland bildete. Ihnen folgten 1633 die Oranier. In der Zeit der niederländischen Herrschaft entstanden zahlreiche repräsentative Bürgerhäuser. Auch das Palais Danckelmann (heute Amtsgericht) war einst Sitz des oranischen Richters für Stadt und Grafschaft Lingen. Das Haus Hellmann (von 1641) in der Burgstraße zählt mit seinem reich beschnitzten Fachwerkgiebel zu den schönsten Bürgerhäusern in Niedersachsen. Die alte Posthalterei neben dem Rathaus diente seit 1658 als Mittelpunktstation der reitenden Post zwischen Hamburg und Amsterdam. Auch das Café am Markt (erbaut 1651) und das Haus Burgstraße 7 (erbaut 1656) belegen den Wohlstand der Bürger in der Zeit der Oranier, die allerdings den mehrheitlich katholischen Einwohnern gerne auch das Bekenntnis zu Calvinismus schmackhaft machen wollten. Sie übertrugen nicht nur die von den Katholiken errichtete Pfarrkirche an der Kirchstraße an die Lingener reformierte Gemeinde, sondern bauten 1680 eine neue Lateinschule (heute Kunstschule) und 1683/84 ein „Professorenhaus" mit Wohnungen für Lehrer und Schlafsälen für die zahlreichen Internatsschüler (heute Sitz des Theaterpädagogischen Zentrums der Emsländischen Landschaft). Die Schüler wurden natürlich ganz im Sinne des Calvinismus ausgebildet, und 1697 richteten die Oranier in Lingen gar eine „Hohe Schule" mit vier Fakultäten, etlichen Professorenstellen und zahlreichen Stipendien ein. Doch da war die holländische Zeit schon fast zu Ende, denn 1702 kam Lingen an das Königreich Preußen. Jetzt durften sich die Katholiken an der Burgstraße wieder eine Kirche errichten und 1737 kam sogar noch die lutherische Kreuzkirche am Universitätsplatz hinzu.

Die drei Gotteshäuser der reformierten, lutherischen und katholischen Gemeinden markieren bis heute die Silhouette der Innenstadt. Die 1830/33 neu erbaute St. Bonifatiuskirche im Stil einer klassizistischen Säulenhalle ist das größte Gotteshaus im südlichen Emsland und der 1906 angefügte neuromanische Turm überragt alle anderen Gebäude der Stadt. Bemerkenswert ist auch die Orgel in der Bonifatiuskirche – sie ist das größte und klangvollste Orgelinstrument in der ganzen Diözese Osnabrück.

Lingen nennt man auch die „Stadt der Kivelinge". Die Kivelinge sind die unverheirateten Bürgersöhne Lingens, die der Überlieferung nach im Jahre 1372 bei einer Belagerung in höchster Not auf die Wälle gerufen wurden und die Stadt erfolgreich verteidigt haben. In Erinnerung daran veranstalten sie alle drei Jahre das mehrtägige Kivelingsfest, das mit seinem historischen Markttreiben und einem kilometerlangen Festumzug den wichtigsten Termin im Veranstaltungskalender der Stadt bildet.

Von Salzbergen bis Lingen

Die wechselvolle Historie Lingens zeigt das Emslandmuseum in der Burgstraße. Schwerpunkte seiner Sammlung sind die Stadt- und Landesgeschichte, die kirchliche Kunst im Emsland sowie regionale Malerei und Graphik. Das benachbarte Kutscherhaus des Museums, ein Fachwerkbau aus dem Jahre 1728, zeigt in historischen Räumen mit alt-emsländischen Antiquitäten, wie die Bürger und Bauern im Emsland einst gewohnt und gelebt haben. Im Obergeschoss führt die Ausstellung „Sagenhaftes Emsland" in die Sagenwelt der Region ein. Darüber hinaus veranstaltet das Museum regelmäßig Ausstellungen und Vorträge zu Kunst, Kultur und Geschichte der Region.

Immer wieder erstaunlich ist das viele innerstädtische Grün in Lingen. Und wie ein grüner Gürtel ziehen sich das Emstal und der Dortmund-Ems-Kanal durch das Stadtgebiet. Südlich von Lingen liegt in Hanekenfähr auf einer Insel zwischen Ems und Kanal das beliebte Erholungsgebiet „Am Wasserfall". Im Umfeld eines imposanten Ems-Stauwehrs haben sich dort zahlreiche Freizeit- und Gastronomieeinrichtungen angesiedelt, vom Campingplatz bis zum Vier-Sterne-Hotel. Hier haben auch mehrere Ausflugsschiffe den Ausgangspunkt zu ihren Fahrten auf der oberen Ems von Hanekenfähr bis Salzbergen.

Bäuerliche Fachwerkbauten mit neuzeitlicher Nutzung: Die Kolping-Bildungsstätte in Salzbergen.

Zu den reizvollsten Emspartien gehört das „Steckelover", ein Steilufer an einer Flussschleife bei Salzbergen.

Eine einzigartige Pflanzengesellschaft findet man im Stoverner Wald, einem alten Waldgebiet bei Salzbergen. Hier blühen in jedem Frühjahr die Schlüsselblumen, die auf den Sandböden im Emsland sonst nicht heimisch sind.

Vorhergehende Doppelseite:

In vielen Schlenken und Schleifen sucht sich die Ems ihren Weg durch das flache Land, eingerahmt von Flussniederungen und Auenwäldern, die bei jedem Hochwasser überflutet werden. Links das Bauerndorf Mehringen, im Hintergrund die Kühltürme des Industrieparks Lingen.

Ein bekanntes Naturdenkmal ist die rund 250 Jahre alte „Marienbuche“ an der Kirche in Holsten. Ihre breit gefächerte Krone verdankt sie dem regelmäßigen Rückschnitt in jungen Jahren. In jedem Herbst bildet ihr goldenes Laub einen besonderen Anziehungspunkt.

Im Stoverner Wald steht noch ein altes „Heuerhaus“ des Gutes. Diese Häuser hatten die Landarbeiter einst von ihrem Bauern oder Gutsherrn geheuert = gemietet und arbeiteten die Pacht mit ihrer Arbeitskraft ab.

Oben: Der Heimathof Emsbüren mit dem Heilkräutergarten und altem Fachwerk bietet auch einen schönen Blick auf den historischen Ortskern.

Linke Seite: Ein beliebtes Ausflugsziel in Emsbüren ist die vor einigen Jahren restaurierte Enking-Mühle mit Mühlencafé und Schwarzbrotbäckerei.

Die Ems

Als kleiner Bach entspringt die Ems in der Senne bei Hövelhof nördlich von Paderborn in Westfalen und nimmt von dort ihren 317 Kilometer langen Lauf bis zu ihrer Mündung in den Dollart, eine Ausbuchtung der Nordsee, bei Emden. Das Gefälle auf dieser Strecke beträgt ca. 134 Meter, davon etwa 105 Meter auf dem Oberlauf bis zum Emswehr in Rheine und nur noch etwa 27 Meter auf dem Unterlauf von Rheine bis zur Nordsee. Mit einer Fläche von etwa 12.482 Quadratkilometern ist das Einzugsgebiet der Ems relativ klein. Sie besitzt nur wenige größere Nebenflüsse: rechtsemsisch die Bever, die Werse, die Große Aa, die Hase, die Radde und die Leda. Linksemsisch mündet nur die münsterische Aa in die Ems, alle übrigen Wasserläufe links der Ems führen in das Einzugsgebiet der Vechte. Am linken Unterlauf der Ems befinden sich die früheren Hochmoorgebiete, aus denen sich keine natürlichen Zuflüsse zur Ems bilden konnten.

Die Wasserstände der Ems schwanken sehr stark: die höchsten zeigt der Fluss in den Wintermonaten, die niedrigsten in den Sommermonaten von Juni bis September, obwohl gerade dann im Emsland große Niederschlagsmengen gemessen werden. Ursache für die Winterhochwasser sind also größere, nur allmähliche abfließende Wassermengen aus den Gebieten am Oberlauf der Ems. Etwa 70 % der Wassermassen der Ems fließen im Winterhalbjahr und nur etwa 30 % im Sommerhalbjahr ab. In Hanekenfähr bei Lingen führt die Ems bei mittlerem Niedrigwasser nur etwa 4,5 Kubikmeter pro Sekunde, im Sommer manchmal noch deutlich weniger. Bei mittlerem Hochwasser in den Wintermonaten dagegen etwa 220 Kubikmeter pro Sekunde, also fast die 40-fache Menge. Und bei starkem Hochwasser wie im Jahre 1946 sogar bis zu 1180 Kubikmeter pro Sekunde.

Dann verwandelt sich die meist gemächlich dahin fließende Ems in einen reißenden Strom. Weit über den Normalpegel hinausreichende Hochwassermarken, etwa an den Rathäusern in Lingen und Meppen, bezeugen dies eindringlich. Durch verschiedene wasserbautechnische Maßnahmen in den letzten Jahrzehnten konnte die Gefahr von Hochwassern für die Städte und Dörfer an der Ems weitgehend gebannt werden.

Manchen Städten und Gemeinden an ihrem Lauf hat die Ems sogar ihren Namen gegeben: Emsdetten, Emsbüren, Lingen (Ems), Haren an der Ems, Rhede (Ems), Emshaven in den Niederlanden und Emden in Ostfriesland.

Die Ems bei Elbergen bietet stille Winkel und eine Idylle für Kanufahrer.

Ein seltenes Naturschauspiel: der schwimmende Blütenteppich des Wasserhahnenfußes auf einem Teich in Lingen-Darme.

Der Lingener Marktplatz gilt als die gute Stube des südlichen Emslandes. In den Sommermonaten locken hier Kneipen und Cafés Einheimische wie Gäste zu einem Aufenthalt im Herzen der größten Stadt des Emslandes.

Herausragende Baudenkmäler aus der „holländischen Zeit" in Lingen sind das 1646 errichtete Palais von Danckelmann und das 1663 umgebaute Rathaus mit einem Treppengiebel nach Amsterdamer Vorbild.

Alle drei Jahre bildet die Lingener Altstadt die authentische Kulisse für das historische Kivelingsfest. Ein mittelalterlicher Markt und ein Umzug unter dem Motto „Lingen als Marktflecken im 16. Jahrhundert" bilden die Höhepunkte des Festes, das von den Kivelingen, den Bürgersöhnen der Stadt, organisiert wird. Als „Stadt der Kivelinge" ist Lingen weithin bekannt.

Urtümliche Heidelandschaft im Wachendorfer Wacholderhain und eine Rinderherde am ausgespülten Emsufer in Rheitlage bei Lingen.

Das Emswehr bei Listrup wurde im Rahmen der Renaturierung des Flusslaufes zu einer „rauen Rampe" umgestaltet.

Eine Idylle nicht nur mit Regenbogen bildet das malerische Emstal in Beversundern bei Lingen.

Sommerblumen an einem Feldrain bei Lingen.

An vielen Stellen in der offenen Landschaft haben sich knorrige Eichen gegen Wind und Sturm behauptet.

„Hölschers Biotop" entstand in einem Altarm der Ems bei Helschen.

Windbruch nach einem Novembersturm an einer Jahrhunderte alten Buche im Naturschutzgebiet Wachendorf.

Im Herbst verwandelt das welkende Laub den Buchenhain bei Brögbern in eine goldene Landschaft.

Nur für das Auge schön: ein Fliegenpilz im herbstlichen Laubwald bei Listrup.

Dörfer im südlichen Emsland

Tradition und Moderne begegnen sich in den Dörfern im südlichen Emsland auf Schritt und Tritt. Eine intakte bäuerliche Kulturlandschaft und viel Natur geben dieser Region einen besonderen Akzent.

Wer das rustikale Leben auf dem Lande liebt, der ist in den drei Samtgemeinden Lengerich, Freren und Spelle gut aufgehoben. Sie gehörten einst zur „Grafschaft Lingen", die im Vergleich zum übrigen Emsland vielfach eigene Wege ging. Schon auf den ersten Blick besticht hier die intakte bäuerliche Kulturlandschaft, die man in vielen Dörfern und Bauerschaften noch findet. Wallhecken, idyllische Wasserläufe, stolze Bauernhöfe und manche uralte Fachwerkgiebel akzentuieren das besondere Landschaftsbild.

Typisch für das südliche Emsland sind die markanten Bauernhausgiebel, deren oberer Teil mehrfach auskragt und deren Giebelspitze durch ein besonderes Rautenfachwerk betont wird. Beschnitze Konsolen, die so genannten „Knaggen", verzierte Giebelschwellen und sorgsam eingeschnitzte Hausinschriften vervollständigen das Bild der traditionellen Fachwerkarchitektur. Viele dieser aufwändigen Fachwerkbauten werden von ihren Besitzern und Bewohnern bis heute liebevoll gepflegt.

Auf der „Giebelroute" kann man per Fahrrad oder Auto die schönsten Dörfer, Bauernhöfe und Kulturlandschaften dieser Region selbst entdecken. Dabei werden nicht nur die Bauweise und die schmucken Fachwerkgiebel der alten Bauernhäuser verdeutlicht, sondern man gelangt auch zu den Hofcafés und Bauernläden, die zum Besuch einladen. Weitere sehenswerte und öffentlich zugängliche historische Hofanlagen mit imposanten Fachwerkgebäuden sind u.a. das Bürgerzentrum Wöhlehof in Spelle, das Gemeindezentrum im früheren Bauernhaus Manning in Langen und das Bauernhaus Lindemann in Gersten, das heute eine Gaststätte und die Ortsfeuerwehr beherbergt. In der benachbarten Bauerschaft Untergersten entsteht derzeit auf dem früheren Hof Banke ein Denkmalhof, auf dem die „Interessengemeinschaft Bauernhaus" die Geschichte und die Erhaltung einer historischen Hofanlage dokumentiert.

In den größeren Kirchdörfern mit ihren malerischen Winkeln findet man noch manche mittelalterliche Dorfkirche. Die bekannteste ist die gotische Hallenkirche in Lengerich mit ihren jüngst freigelegten umfangreichen Wandmalereien aus der Zeit der Spätgotik. Mit dem Übergang der Grafschaft Lingen an das Haus Oranien wurden alle Kirchen den neu gebildeten Reformierten Gemeinden übertragen. Im Geist des Calvinismus wurden damals die meisten Zeugnisse mittelalterlicher Heiligenverehrung und katholischer Kirchenkunst beseitigt oder übertüncht, die frei geräumten Innenräume für den schlichten reformierten Gottesdienst eingerichtet und blieben ansonsten über Jahrhunderte fast unverändert. Die oft ebenso zerstörerischen Eingriffe in die mittelalterliche Bausubstanz durch den katholischen Kirchenprunk zu Zeiten des Barock und des Historismus konnten bei den reformierten Kirchen nicht wirksam werden und so blieb gerade dort manches sakrale Kleinod bewahrt (u.a. in Lengerich, Freren und Schapen). Das katholische Kirchenvolk stiftete im 19. und 20. Jh. fleißig für den Bau neuer Gotteshäuser. Imposant sind die neugotischen Dorfkirchen in Lengerich, Freren und Bawinkel, wo auch die alte Innenausstattung weitgehend erhalten blieb. Qualitätvolle Zeugnisse moderner Kirchenbaukunst auf dem Lande entstanden beispielsweise in Wettrup, Suttrup und Gersten. Und die aus Klinkersteinen errichtete monumentale Klosterkirche in Thuine zählt zum Besten, was die expressionistische Klinkerarchitektur in Norddeutschland geschaffen hat. Das Kloster Thuine mit seinen ausgedehnten Klostergebäuden samt Schule und Internat, Krankenhaus und Pflegeheim ist Hauptsitz der „Thuiner Schwestern", eines im 19. Jh. gegründeten und heute weltweit tätigen Zweiges des Franziskanerinnenordens. An vielen Stellen im südlichen Emsland trifft man auf die

Linke Seite: Monumentale Bauformen traditioneller Kirchenbaukunst und Einflüsse des Jugendstils begegnen sich an der Dorfkirche in Langen.

Ein bekanntes Denkmal traditioneller Mühlentechnik ist Hesemanns Wassermühle in Handrup bei Lengerich. Sie wurde kurz nach 1800 auf einem Fundament aus alten Grabsteinen errichtet.

Überreste früherer Burgen und Adelssitze. Blieb von der Burganlage in Lengerich nur ein späteres Torhaus erhalten, so zeichnen sich auf dem Gut Hange bei Freren die alten Wehrmauern, das Torhaus und das Herrenhaus noch deutlich ab. Die in einer Flussschleife der Aa gelegenen Anlage mit ihren idyllischen Wasserläufen wurde im 20. Jh. zu einem Kloster und einer Schule umgestaltet. Von der früheren Burg Venhaus war bis vor wenigen Jahren eigentlich nur noch der einstige Rittersaal erhalten, der heute als Kirchenraum dient. Dann wurden die stark verlandeten Wassergräben jedoch neu ausgehoben und die gesamte Anlage als „Burgpark Venhaus" hergerichtet. Das vielleicht schönste Adelsgut der Ritterschaft der früheren Grafschaft Lingen ist heute das Gut Grumsmühlen zwischen Langen und Lingen, dessen Baulichkeiten im 19. Jh. im klassizistischen Baustil erneuert wurden.

Landschaftlich reizvolle Partien bietet nicht nur das uralte Bauernland, sondern auch der sandige Höhenzug, der das südliche Emsland von West nach Ost durchzieht – ein Überrest der letzten Eiszeit, in der die Gletscher Sand und Geröll bis hierher vor sich her schoben. Die zahlreichen großen Steinblöcke, die so genannten „Findlinge", die auf diesem Wege von Skandinavien bis in das Emsland gelangten, wurden schon von den Steinzeitmenschen zum Bau ihrer monumentalen Großsteingräber genutzt. Die schönsten Beispiele im südlichen Emsland finden sich im Thuiner Wald und im Frerener Wald. Sie sind durch die „Straße der Megalithkultur" gut erschlossen und ausgeschildert.

Die ausgedehnten Waldgebiete auf den Höhenrücken entstanden im 19. Jh. durch die systematische Aufforstung weitläufiger Heideflächen und bieten heute malerische Wege für Radfahrer und Wanderer. Mitten in diesen Waldungen liegt auf halber Strecke zwischen Freren und Lengerich das Erholungsgebiet Saller See mit verschiedenen Freizeit- und Einkehrmöglichkeiten. Von hieraus erschließen gut ausgeschilderte Rad-, Wander- und Reitwege die nähere und weitere Umgebung.

Der Ortskern des kleinen Landstädtchens Freren zeigt rings um den Marktplatz und die mittelalterliche Pfarrkirche solide Beispiele traditioneller dörflich-kleinstädtischer Architektur, darunter das frühere Kaufmannshaus Pott-Holtmann am Markt (mit historischem Wohnzimmer) und das Haus Arthaus an der Grulandstraße. Ein Musterbeispiel klassizistischer Baukunst ist die hannoverische Amtsverwaltung in Freren, die um 1830 als Baugruppe aus drei strengen Backsteinbauten errichtet wurde. Eines der Gebäude dient heute als Heimathaus Freren mit einer umfangreichen Ausstellung zur Ortsgeschichte und zahlreichen Werkstätten traditionellen Handwerks. Auch der Touristikverein Lengerich-Freren-Spelle hat hier seinen Sitz.

Gleich zwei mustergültig restaurierte Wassermühlen findet man in der Umgebung von Lengerich: die idyllisch an einem Mühlenteich gelegene Raming-Mühle, eine frühere Korn- und Ölmühle, sowie die nicht weit davon entfernte Hesemann-Mühle mit ihrem unterschlägigen Wasserrad. Beide Mühlenanlagen sind voll funktionsfähig und werden gerne vorgeführt. An die frühere Wassermühle im Dorfkern von Lünne erinnern heute noch das Wasserrad am malerischen Mühlenkolk und das restaurierte Mühlenhaus von 1824 mit historischen Wohnräumen, einer ortsgeschichtlichen Ausstellung und einem traditionellen Bauerngarten. Auch die steinernen Mühlentürme von Windmühlen aus dem 19. Jh. sind an manchen Stellen noch zu sehen, so der imposanteste auf dem Hof Autmaring südlich von Schapen, wo man im gemütlich eingerichteten Mühlencafé gerne über die interessante Entstehung und Geschichte der Mühle Auskunft gibt. Ein vermögender Kaufmann errichtete sie der Sage nach von Geld, das er durch Schmuggel verdient hatte. Sein Reichtum stieg ihm so zu Kopf, dass er die Flügel der Mühle vergolden ließ und oben auf der Mühle einen goldenen Stern anbrachte, dessen Glanz bis Münster strahlen sollte. Doch „unrecht Gut gedeiht nicht" und schon bald war es mit seinem Reichtum vorbei und der Kaufmann starb schließlich mittellos im Armenhaus.

Das südliche Emsland war bis in das 19. Jh. Heimat- und Durchgangsland tausender Wanderarbeiter, der so genannten Hollandgänger, die den Lebensunterhalt für sich und ihre Familien den Sommer über als Saisonarbeiter in den Moorgebieten und auf den Bauernhöfen Hollands verdienten. Von Andervenne aus führt die historisch bezeugte Hollandgängerroute in gerader Strecke durch endlose Wälder auf Lingen zu. Links und rechts des Weges trifft man überall auf Spuren der früheren Wanderarbeiter, etwa den „Holländer Pütt" (eine bei den Hollandgängern als Rastplatz beliebte Wasserquelle), den sagenumwobenen Lagerplatz „Düwels Köcken" bei Freren oder den Gedenkstein für den Hollandgänger Langeborg aus Andervenne, der 1823 auf dem Heimweg aus Holland kurz vor Thuine von seinem Kameraden Knapp Gerd heimtückisch erschlagen und beraubt wurde. Auch die mit einem großen Stein markierte Hinrichtungsstätte des Mörders im Lingener Wald ist als „Knapp Gerds Grab" noch heute allgemein bekannt.

Ebenfalls jeden Sommer nach Holland zogen die Packenträger oder Tödden aus der Grafschaft Lingen, die als wandernde Hausierhändler ihr Einkommen fanden. Einige von ihnen organisierten den Einkauf sowie die Verteilung der Waren und stiegen so zu reichen Großhändlern auf. In ihren Heimatdörfern bauten sie sich stolze Kaufmannshäuser, wie sie besonders im historischen Töddendorf Schapen noch überall zu finden sind. Eine Ausstellung im alten Pfarrhaus in Schapen informiert sehr anschaulich über diesen früheren Erwerbszweig, der auch in den Nachbarorten Hopsten, Recke und Mettingen sehr verbreitet war. Der Hof Vaal im Schapener Ortsteil Borken zeigt die repräsentative Hofanlage eines reichen Töddenkaufmanns im 19. Jh.. Einst handelten die Besitzerfamilien Vaalmann und Vaal von hier aus nach halb Europa mit Textilien und Kleinwaren, die von ihren Hausierhändlern an den Mann bzw. an die Frau gebracht wurden. Heute befindet sich auf dem Hof Vaal ein Biohof mit Hofladen.

Auf den Kaufmann Vaal geht auch die Hüberts'sche Handelsschule in Schapen zurück, an der einst Schüler aus ganz Europa unterrichtet wurden. Der umfangreiche Gebäudekomplex mit Schul- und Internatsgebäuden aus dem 19. Jh. wird nach der Verlegung der Schule in den Nachbarort Hopsten heute vom Christo-

Dörfer im südlichen Emsland

Blühende Landschaften bei Lengerich.

phoruswerk Lingen als Wohnheim für Behinderte genutzt. Die gepflegten Parkanlagen sind öffentlich zugänglich, und in einem Hofladen werden Erzeugnisse aus der eigenen Landwirtschaft angeboten.

Ein besonderes Merkmal der Dörfer im südlichen Emsland sind die zahlreichen Bildstöcke, Klusen und Wegekreuze, die man hier allerorten antrifft. Sie spiegeln den lebendigen Glauben der katholischen Landbevölkerung, die ihre traditionelle christliche Grundhaltung auch nach außen hin durch sakrale Denkmäler dokumentiert. Viele der Klusen, so nennt man hier die kleinen, nach vorne hin offenen Wegekapellen, dienen als Stationen bei den jährlichen Prozessionen zu Fronleichnam und anderen Kirchenfesten. Sie zeigen in ihrer Bauweise die Entwicklung der Sakralarchitektur vom Klassizismus über Neugotik, Neuromanik und Neubarock bis zu modernen Bauformen.

Aufwändig errichtet sind auch manche Hofkreuze aus dem 19. Jh. auf großen Bauernhöfen, die aus Sandstein gestaltet und auf einem gemauerten Sockel postiert wurden. Inschriften rufen zu einem Gebet auf und nennen die Namen der Stifter oder den Anlass der Stiftung. Die kleineren Hofkreuze aus Holz, Kunststein oder aus Bronze stammen zumeist aus dem 20. Jh.. Häufig findet man auch aus Natursteinen errichtete „Mariengrotten“, die in Idee und Gestaltung zumeist auf den Marienwallfahrtsort Lourdes in Frankreich zurückgehen.

Region mit Weitsicht: Aussichtsplattform am „Gerstener Höhenweg".

Herbstliche Dekoration auf einem Bauernhof in Bawinkel.

Jahrhundertealte Bauernhäuser aus Fachwerk suchen heute vielfach nach einer neuen Nutzung. Für einen Reiterhof bilden sie eine farbenprächtige und stilechte Kulisse.

Vorhergehende Doppelseite:
Landschaft in blau und gelb mit farbigen Tupfern: Weiter Himmel über uraltem Bauernland in Ostwie bei Freren.

Keimzelle der späteren Stadt Freren war der Hofschulten-Hof, einst Oberhof des Klosters Corvey, auf dessen Gelände auch die katholische Pfarrkirche entstand.

Im Fachwerkbau lebt die Gestaltung immer vom Detail, wie hier bei der Haustür und den Sprossenfenstern an einem Bauernhaus in Lengerich.

Über einsame Wege im Frerener Wald gelangt man zum Großsteingrab bei Thuine. Das riesige Waldgebiet entstand im 19. Jahrhundert durch die Aufforstung weiter Heideflächen.

Sehenswerte Kulturdenkmäler in der Samtgemeinde Spelle sind der Burgpark in Venhaus mit der Pfarrkirche St. Vitus und die frühere Handelsschule in Schapen mit dem Denkmal des heiligen Christophorus.

Neues Leben in alten Gebäuden findet man in den Bürger-begegnungs-zentren auf dem Wöhle-Hof in Spelle und im früheren Müllerhaus am malerischen Mühlenkolk in Lünne.

Von Lingen bis Meppen

Inmitten der weiten Landschaft reihen sich zu beiden Seiten der Ems die alten Bauerndörfer auf. Die Jahrhunderte lange Zugehörigkeit zum Fürstbistum Münster hat Land und Leute im Raum Meppen geprägt.

Folgt man der Ems von Lingen aus in Richtung Norden, so erreicht man schon bald den Golfclub Emstal auf dem Gelände des früheren Adelssitzes Beversundern. Er zählt zu den landschaftlich reizvollsten Golfanlagen in Norddeutschland und wurde hierfür bereits mehrfach prämiert. Das Emstal nördlich von Lingen steht größtenteils unter Natur- und Landschaftsschutz. Auf Uferbefestigungen wird hier bewusst verzichtet, und bei jedem Hochwasser nagt der Fluss hier an seinen Rändern, spült neue Böschung ab und neue Sandbänke auf und bildet somit wertvolle Lebensräume für seltene Tier und Pflanzenarten.

Ganz am nördlichen Rand des Lingener Stadtgebietes liegt der Biener Busch, ein von Altarmen der Ems durchzogener „Urwald", der seit dem Mittelalter ununterbrochen bewaldet war. Einst markierte er die Grenze zwischen der Grafschaft Lingen und dem münsterischen Amte Meppen. Heute gehört er zu den schönsten und wertvollsten Biotopen im Lingener Raum.

Ein Kontrastprogramm zu dieser Naturidylle bietet ganz in der Nähe der Speichersee zwischen Lingen und Geeste. Er dient als Kühlwasserreservoir für die Kraftwerksanlagen in Lingen. Bei niedrigem Wasserstand in heißen Sommermonaten wird der Ems Kühlwasser aus dem Speichersee zugeführt, damit der Sauerstoffgehalt im Fluss nicht zu stark absinkt. Ansonsten bildet der künstliche See ein Paradies für Badegäste und Wassersportler, die hier schwimmen und tauchen, vor allem aber auch surfen und segeln können.

Zwischen Lingen und Meppen säumen wieder zahlreiche alte Emsdörfer den Fluss: Holthausen und Biene, Geeste, Varloh und Schwefingen rechts der Ems, Wachendorf, Dalum, Groß- und Klein Hesepe sowie Rühle auf der linken Seite des Flusses. Die Emsländer lieben das dörfliche Leben. Hier kennt man seinen Nachbarn noch. Das örtliche Vereinsleben und auch die Feste der dörflichen Gemeinschaft werden bis heute groß geschrieben. Zur Fronleichnamsprozession schmückt man in den Kirchdörfern nicht nur die Stationsaltäre, sondern der gesamte Umzugsweg wird festlich dekoriert, und beim Schützenfest stehen ganze Dörfer für ein paar Tage Kopf. Die jährliche Kirmes, das Erntedankfest, Herbst- und Weihnachtsmärkte komplettieren den Festkalender. Feuerwehren und Musikvereine, kirchliche Vereine und Jugendgruppen, Sportvereine und Heimatvereine sorgen allerorten für ein blühendes Vereinsleben. Hier im Emsland lässt es sich gesellig leben.

Die Ems windet sich weiter in großen Schleifen durch ihr Tal. Da die Frachtschifffahrt bis hinab nach Meppen den parallel zur Ems verlaufenden Dortmund-Ems-Kanal benutzt, ist der Flusslauf auch hier in weiten Partien naturbelassen. Die landschaftliche Idylle bildet auf vielen Flusskilometern ein Paradies für Kanufahrer, für Fische und für Angler. Als Raststation bietet sich Groß Hesepe an. Der Ort besitzt nicht nur eine interessante mittelalterliche Dorfkirche, sondern ist vor allem bekannt durch die Großbäckerei Coppenrath, deren Erzeugnisse man in einem „Knusperlädchen" im Ortskern auch probieren kann.

Schließlich taucht am Horizont die Silhouette der Stadt Meppen auf. Die am Zusammenfluss von Ems und Hase gelegene Siedlung bildete im 8. Jh. den Ausgangspunkt des Christentums im Emsland, das hier vermutlich zuerst von Missionaren aus Utrecht verkündet wurde. Bald darauf kam das Emsgebiet an das Bistum Osnabrück, das Amt Meppen fiel jedoch später an das Bistum Münster. Schließlich wurde das ganze Emsland 1815 hannoverisch und kehrte 1822 an das damals wieder gegründete katholische Bistum Osnabrück zurück. Und wo könnte das Emsland katholischer sein als hier im einstmals stark befestig-

Linke Seite:

Schafherde an der Krähenbeerendüne in der Wachendorfer Heide.

Ein beliebtes Ausflugsziel ist die malerisch auf einer Landzunge zwischen der Hase und dem Kanal gelegene Hölting-Mühle bei Meppen.

Kehrtwendung um 180 Grad: Die Emsschleife bei Varloh.

ten Amtssitz des fürstbischöflich-münsterischen Amtes Meppen?

Keimzelle der Stadt Meppen war die Missionskirche an der Stelle der heutigen Pfarrkirche St. Vitus, eine vielfache umgebaute spätgotische Hallenkirche, die auf einem Hügel am oberen Ende der Stadt liegt. Sie verdankt ihr Patronat dem Kloster Corvey an der Weser, zu dessen reichen Besitzungen im Emsland einst auch Meppen gehörte. Bürgerschaft und landesherrliche Beamtenschaften sorgten für eine reiche Ausstattung der Kirche mit wertvollen Einrichtungsstücken von der Barockzeit bis zum Historismus. Den bürgerlichen Gegenpol zum „Domhof" bildete der Marktplatz mit dem repräsentativen Rathaus. Sein eigenartiges, aus Granitsteinen errichtetes Erdgeschoss datiert in das Baujahr 1408, die oberen Etagen mit ihrer reichen Werksteindekoration und der aufwändigen Giebeldekoration stammen von einem Umbau in den Jahren 1602 bis 1605. Eine Pegelmarke in der Rathauslaube erinnert an die Hochwasser, die immer wieder die Stadt überfluteten. Die oberen Etagen enthalten ein Café und einen mit wertvollen historischen Stücken ausgestatteten Rathaussaal.

Im 16. Jh. hatte sich das Amt Meppen weitgehend dem Protestantismus angeschlossen, die Rekatholisierung erfolgte dann im 17. Jh.. Entscheidenden Anteil daran hatte die Niederlassung der Jesuiten in Meppen. Sie missionierten hier eifrig und gründeten außerdem ein Gymnasium – eine Art Gegenpol zur calvinistischen Hohen Schule in Lingen. In der eng bebauten Meppener Altstadt bildet die in den Jahren 1743 bis 1746 neu errichtete Jesuitenkirche ein barockes Kleinod. Die hohe Saalkirche mit ihrem Schaugiebel zum Marktplatz besitzt noch die vollständige Innenausstattung des 18. Jhs.. So gehören die nach Entwürfen des münsterischen Barockarchitekten Johann Konrad Schlaun gestalteten Altäre zu den schönsten Arbeiten des Spätbarocks in Norddeutschland. Die filigranen Stuckdecken wurden von süddeutschen Bauleuten ausgeführt, weitere Ausstattungsstücke lieferte die emsländische Bildhauerwerkstatt Jöllemann.

Bis heute wird die Innenstadt von den sternförmig angelegten Wall- und Grabenanlagen der früheren

Festung Meppen umgeben. Im Gegensatz zu den wertvollen Sakralbauten findet man in ihren Mauern nur wenige historische Bürgerhäuser. Beschießungen der Festung und Brände in den dicht bebauten Straßenzügen blieben nicht ohne Folgen. Gleichwohl haben die Straßen und Gassen der Innenstadt mit ihrer kleinteiligen Bebauung ihr Altstadtflair behauptet. Das stattlichste Bürgerhaus in Meppen, erbaut 1805 vom Kaufmann Heyl, dient heute als Stadtmuseum und ist allgemein unter dem Namen „Arenbergische Rentei" bekannt. Die Herzöge von Arenberg erhielten 1803 als Entschädigung für ihre an Frankreich verlorenen linksrheinischen Besitzungen das Amt Meppen zugesprochen, übernahmen hier alle landesherrlichen Rechte und Besitztümer und richteten in Meppen ihre Residenz ein. Nur wenige Jahre währte die Regentschaft der Arenberger im Emsland, aber ihre Arenberg-GmbH ist bis heute einer der größten Grundstücks- und Waldbesitzer im Emsland. Solche Gesellschaften sind im Lande nicht überall beliebt. Sollte dies vielleicht mit ein Grund dafür gewesen sein, warum man bei der letzten Renovierung der Vituskirche den schönen klassizistischen Altaraufbau, eine Stiftung der Arenberger, sang- und klanglos aus dem Kirchenraum entfernte?

Der Landesherrschaft der Herzöge von Arenberg folgten andere ferne Herren: die Könige von Hannover, später die Könige von Preußen. Die größeren Sympathien der Meppener galten im 19. Jh. jedoch den Vertretern des politischen Katholizismus. Der Parlamentarier Ludwig Windthorst, Mitbegründer der katholischen Zentrumspartei und wichtigster Gegenspieler Bismarcks im preußischen Kulturkampf, hatte hier über Jahrzehnte seinen sicheren Wahlkreis. Und auch seine politischen Enkel und deren Erben erreichen im Emsland bis heute regelmäßig Traumergebnisse bei Kommunal-, Landtags-, Bundestags- und Europawahlen. Vor dem Windthorstgymnasium neben der Jesuitenkirche in Meppen wurde dem großen Zentrumspolitiker ein Denkmal gesetzt.

Der Golfplatz Emstal in Beversundern bei Lingen wurde wegen seiner Anlage als naturnaher Landschaftspark schon vielfach ausgezeichnet.

Katholisch und traditionsbewusst: Ein Marienbild am Straßenrand in Klein Hesepe schützt die Bewohner des Hauses und durchreisende Autofahrer.

Vorhergehende Doppelseite:
Emsschleifen im Landschaftsschutzgebiet Emstal bei Wachendorf nördlich von Lingen.

Ein zünftiges Schützenfest mit Festumzug, Kirmes und Königsproklamation erstreckt sich nach alter Tradition schnell über mehrere Tage.

Das Emsland und die Emsländer

Emsland ist die landläufige Bezeichnung für die Region entlang der Ems von Wiedenbrück im tiefsten Westfalen über Rheine an der Landesgrenze zu Niedersachsen bis zur Mündung der Ems in das ostfriesische Wattenmeer. Der westfälische Abschnitt des Emslaufes wird heute größtenteils zum Münsterland gerechnet, so dass die Einwohner von Greven oder Emsdetten, ja selbst die meisten Schüler des Emsland-Gymnasiums in Rheine sich heute wohl kaum mehr als Emsländer bezeichnen würden. Die emsländischen Gebiete zwischen Salzbergen im Süden und Papenburg im Norden, die 1815 an das Königreich Hannover kamen, wurden seitdem - zur Unterscheidung vom oberen, preußischen Emsgebiet in Westfalen - als „hannoversches Emsland" bezeichnet. Diese Region umfasste die alten Landkreise Lingen, Meppen, Aschendorf und Hümmling. Doch mit dem Übergang des früheren Königreiches und der späteren Provinz Hannover in das Bundesland Niedersachsen kam auch der etwas sperrige Begriff „hannoversches Emsland" bald aus dem Gebrauch.

Der 1950 vom deutschen Bundestag verabschiedete „Emslandplan" fasste die gesamte Region unter dem einfachen Begriff „Emsland" zusammen. Dieser bürgerte sich als Oberbegriff für die Emslandkreise rasch ein. Und als die Landkreise Lingen, Meppen und Aschendorf-Hümmling 1977 zu einem Großkreis zusammengelegt wurden, erhielt die neue Verwaltungseinheit den Namen „Landkreis Emsland". Seitdem hat sich die Bezeichnung Emsland für die Region zwischen Norddeutschland und den Niederlanden sogar in den Wettervorhersagen des deutschen Wetterdienstes fest eingebürgert.
Der Landkreis Emsland ist der größte Landkreis in Niedersachsen. Fast so groß wie das Saarland, zählt er heute rund 315.000 Einwohner, die sich stolz als „Emsländer" bezeichnen. Der benachbarte Landkreis Grafschaft Bentheim fiel 1950 ebenfalls unter den Emslandplan und gehört auch zum Regionalverband der „Emsländischen Landschaft", bildet aber einen eigenständigen Verwaltungs-, Wirtschafts- und Kulturraum. Ein „Grafschafter" würde sich - ebenso wie die Ostfriesen nördlich von Papenburg - niemals als „Emsländer" bezeichnen!

Natur aus Menschenhand: Baumreihe auf dem Emsdeich bei Schwefingen.

Ein urtümliches Landschaftsbild zeigt der Emslauf an der früheren städtischen Kuhweide zwischen Meppen und Schwefingen.

Naturgeschichte: Rund 200 Jahre alt ist diese Buche am Rande des Wacholderhains bei Wachendorf, die einst einsam in der weiten Heidelandschaft stand.

Reich an Kunstschätzen ist die Meppener Altstadt. Die Jesuitenkirche aus dem 18. Jahrhundert besitzt noch die originale Ausstattung aus der Barockzeit. Ihre farbenprächtige Fassade wurde jüngst restauriert. Das mittelalterliche Rathaus erhielt in der Renaissancezeit einen reich dekorierten Erker aus Sandstein.

Die Kulisse des historischen Rathauses und der alten Bürgerhäuser gibt dem Meppener Wochenmarkt eine besondere urbane Atmosphäre. Der Rathausgiebel im Stil der westfälischen Renaissancearchitektur dokumentiert die historischen Beziehungen zwischen Meppen und Münster.

Pfarrkirche St. Vitus:
Eine vielfach umgebaute
spätgotische Hallenkirche.

Das Hasetal

Nicht durch das Flusswasser, sondern durch hochprozentige Kurzgetränke ist das Hasetal in aller Munde. Darüber hinaus bietet es atemberaubende Landschaftsbilder, idyllische Flusspartien und ideale Freizeitmöglichkeiten.

Die Hase, der größte Nebenfluss der Ems, bildet auf ihrem Weg vom Teutoburger Wald bis Meppen eines der schönsten Flusstäler in Norddeutschland. In unzähligen Schlenkern und Schleifen nimmt sie auf vielen Umwegen ihren Lauf vom südoldenburgischen Löningen über Herzlake und Haselünne nach Meppen und durchzieht dabei Feuchtniederungen, stille Waldgebiete, Wacholderhaine und Steilufer. Touristisch ist das Hasetal bestens erschlossen für Kanufahrer und für Radfahrer, Pferdefreunde und sogar für die Liebhaber historischer Dampfloks, denn die Bahnstrecke von Meppen nach Löningen dient schon seit vielen Jahren als Museumseisenbahn. Von Haselünne aus starten die Dampfrösser durch einige der schönsten Partien des Hasetals bis zum Bahnhof Löningen.

Dort, wo die Hase bei Westrum in das Emsland eintritt, steht die sagenumwobene Aseburg, eine ausgedehnte mittelalterliche Wallanlage auf einer Halbinsel in der Hase. In ihrer Nachbarschaft befindet sich das romantische Hotel „Aselager Mühle" mit erstklassigen gastronomischen Angeboten, die weit über das Emsland hinaus bekannt sind.

Wenige Kilometer die Hase abwärts liegt das alte Kirchdorf Herzlake, heute Mittelpunkt einer Samtgemeinde. Das ausgedehnte Gemeindegebiet umfasst unterschiedlichste Landschaftsräume wie den Südhümmling mit seinen stillen Heidedörfern im Raum Lähden, die Moorlandschaften im Hahnenmoor und das alte Bauernland im urtümlichen Hasetal. Kaum eine Gemeinde im Emsland hat so vielfältige Landschaftsbilder zu bieten.

Weithin bekannt ist die Waldbühne in Ahmsen, eine Freilichtbühne, die sich speziell religiösen Themen widmet, aber auch Märchenstücke aufführt. Und wer das traditionelle katholische Emsland noch genauer studieren möchte, besucht am besten die alte Dorfkirche in Holte mit ihrer Ausstattung im Stil des bäuerlichen Barock, angefertigt von verschiedenen Mitgliedern der im 18. Jh. dort ansässigen Bildhauerfamilie Jöllemann.

Im Zentrum der Samtgemeinde hat das alte Kirchdorf Herzlake, malerisch gelegen am Ufer der Hase, rings um die mittelalterliche Pfarrkirche noch viele traditionelle Elemente dörflichen Lebens aufzuweisen. Kulturelle Akzente setzt der „Kulturbahnhof" im denkmalgeschützten Stationsgebäude der Meppen-Haselünne-Eisenbahn.

Am Rande des über 600 Hektar großen Naturschutzgebietes Hahnenmoor ist in einer alten Torffabrik eine weitere kulturelle Einrichtung, das „Torfwerk Hahnenmoor", untergebracht. Neben Informationen über das Moorgebiet, seine Geschichte und Nutzung, gibt es dort in den Sommermonaten regelmäßig „Kunst im Moor". Viele Jahrhunderte nutzten die Bewohner der umliegenden Gemeinden dieses Moor zur Brenntorfgewinnung. Auf abgebrannten Flächen wurde Buchweizen angebaut. Schafe hielten die Heide und die nachwachsenden Sträucher kurz. Später veränderte die industrielle Abtorfung das Landschaftsbild des Moores durchgreifend. Doch nach der Wiedervernässung erobert die Natur sich hier ihren Raum allmählich wieder zurück. Besonders reizvoll ist das Hahnenmoor zur Zeit der Wollgrasblüte. Und in jedem Frühjahr kann man dort bei geführten Wanderungen in den frühen Morgenstunden ein imposantes Naturschauspiel erleben: den Sonnenaufgang in der urtümlichen Landschaft des einsamen Moores.

Zu den wenigen Städten in Deutschland, die durch ein Kurzgetränk bundesweit Furore gemacht haben, gehört zweifellos Haselünne, die Heimat des legendären Apfelkorns aus dem Hause Berentzen. Die Brüder Friedrich und Hans aus der alten Kornbrennerdynastie Berentzen kreierten 1976 den „knackigen Spaß im Glas", der bald zu einem Kultgetränk aufstieg. Wohl keine andere Stadt ist

Linke Seite: Natur pur: die Lotter Beeke kurz vor ihrer Einmündung in die Hase.

Für anspruchsvolle Kanufahrer bestens geeignet: Die Hase in Lahre bei Haselünne.

Einzigartig: Das Naturschutzgebiet Wacholderhain entstand auf der früheren städtischen Kuhweide in Haselünne.

dem Hochprozentigen so eng verbunden, denn außer der Berentzen-Gruppe haben hier auch die nicht weniger traditionsreichen Kornbrennereien Heydt und Rosche ihren Sitz.

Alles Wissenswerte über den Haselünner Korn, seine Geschichte und Wirkung, ist im Brennereimuseum bei Berentzen, aber auch bei Betriebsführungen in den anderen Kornbrennereien zu erfahren – nur fahren sollte man anschließend besser nicht mehr!

Die Stadt Haselünne hat jedoch mehr zu bieten als Alkoholisches. Die an einem Hochufer über dem Hasetal gelegene Altstadt hat ihr mittelalterliches Straßennetz und ihre kleinteilige Bebauung bis heute in vielen Bereichen bewahrt. Sehenswert sind die früheren Burgmannshöfe, deren Bausubstanz teilweise bis in das Mittelalter zurückreicht (Westerholtscher Burgmannshof auf dem Gelände der Firma Berentzen). Ein bedeutendes Monument sakraler Kunst ist die Pfarrkirche St. Vinzentius, eine spätgotische Hallenkirche mit reicher Ausstattung. Verwunderlich ist es nicht, dass man in Haselünne auf Schritt und Tritt den Spuren der Vergangenheit begegnet, war die Stadt doch lange Zeit wirtschaftliches Zentrum des Niederstiftes Münster.

Lebendig wird die Zeit des Mittelalters in Haselünne alle zwei Jahre beim Korn- und Hansemarkt. Dann verwandelt sich die gesamte Innenstadt in ein buntes historisches Markttreiben, das zigtausende Besucher aus einem weiten Umkreis in die romantischen Straßen und Plätze der Altstadt lockt.

Wenn gerade einmal kein Hansemarkt ist, kann man in den Haselünner Heimathäusern auf den Spuren der Geschichte wandeln. Neben vielen Antiquitäten aus der Handwerker- und Ackerbürgerstadt findet man dort auch die Töpfe, Kannen und Krüge aus der nördlichsten Steinzeugtöpferei Deutschlands, die der Unternehmer Anton Heyl 1836 am Ufer der Hase gründete. Von dort aus wurde das hübsch dekorierte blaugraue Haselünner Steinzeug in viele Teile Norddeutschlands geliefert.

Vor den Toren der Stadt liegt in einer Haseschleife auf dem Gelände der früheren Haselünner Kuhweide einer der größten Wacholderhaine Nordwestdeutschlands. Das Gebiet wurde seit dem Mittelalter als Weide genutzt und so vom Baumbewuchs freigehalten. Hierdurch konnte sich der Wacholder nicht nur vereinzelt, sondern in ganzen Hainen entwickeln. „Gepflegt“ wird das Gelände heute durch schottische

Hochlandrinder. Das Naturschutzgebiet Wacholderhain beherbergt aber auch eine Herde Tarpanpferde, eine rückgezüchtete europäische Wildpferdeart.

Im unteren Hasetal zwischen Haselünne und Meppen findet man heute noch – eigentlich müsste man sagen: heute wieder – eine typische Auenlandschaft mit weiten Überschwemmungsgebieten in der Flussniederung. Sie bieten Lebensmöglichkeiten für zahlreiche seltene Tier- und Pflanzenarten. Seit Beginn der 1990er Jahre wurde hier unter anderem der europäische Biber wieder erfolgreich angesiedelt.

Egal, ob man die Strecke von Haselünne bis Meppen per Boot, per Fahrrad oder mit dem Auto zurücklegt – zwei Etappenziele sollte man sich auf keinen Fall entgehen lassen: die Bückelter Kapelle und die Kirche in Bokeloh. Die kleine, auf einem künstlichen Hügel in der Haseniederung errichtete Bauerschaftskapelle in Bückelte verdankt ihre Entstehung der Sage nach einer göttlichen Fügung. Denn auf wundersame Weise soll das Gotteshaus an dieser Stelle aus den Ruinen einer gewaltsam zerstörten Ordensniederlassung im Nachbarort Klosterholte neu entstanden sein. Die spätgotische Backsteinkapelle stammt aus dem Jahre 1508 und zeigt im Chorraum umfangreiche Wand- und Gewölbemalereien aus der Bauzeit. Dargestellt sind ein Apostelzyklus und darüber das jüngste Gericht. Die auf einem Steilufer an der Hase errichtete Kirche in Bokeloh gilt landläufig als das älteste christliche Gotteshaus im Emsland. Gemeinsam mit der unweit der Kirche gelegenen Wekenborg, einer mittelalterlichen Wallanlage, wird sie der Sage nach in Verbindung mit den Sachsenkriegen Karls des Großen gebracht – eine Interpretation, die von den meisten Historikern bezweifelt wird. Gleichwohl gehört das urtümliche Sakralgebäude mit seinem otischen Westturm und dem älteren Langhaus zu den eindrucksvollsten Kirchen des Emslandes. In der benachbarten früheren Dorfschule erinnert ein kleines Museum an den Maler Otto Pankok, der hier in der NS-Zeit – als „entarteter Künster" verbrämt – einen Unterschlupf fand. Eine Fahrt entlang der Hase endet stets in Meppen, wo der Fluss zunächst den Dortmund-Ems-Kanal aufnimmt und einige hundert Meter weiter dann in die Ems mündet. Den Zusammenfluss von Ems und Kanal markiert die Höltingmühle. Die 1960 malerisch auf der Landzunge zwischen der Hase und dem Kanal wiedererrichtete Windmühle gehört zu den beliebtesten Fotomotiven im Emsland.

Parkartige Wiesenlandschaft an der Hase bei Haselünne-Wester.

Nach einer kalten Frühlingsnacht liegt noch der Dunst über diesem Altarm der Hase in Lahre bei Haselünne. Doch mit den ersten Sonnenstrahlen erwacht die Natur zu neuem Leben.

*Vorhergehende Doppelseite:
Sommerblumen, Teichrosen und eine unberührte Flusslandschaft machen einen Sommertag an diesem Altarm der Hase bei Haselünne-Wester zu einem besonderen Naturerlebnis.*

Kirchen im Hasetal.

Links: Der mächtige Turm der stolzen Pfarrkirche St. Vinzentius in Haselünne steht in wirkungsvollem Kontrast zu den neugotischen Dachaufbauten des Kirchenschiffes.

Oben: Wuchtige Bauformen der Spätgotik zeigt die kleine Bauerschaftskapelle in Bückelte.

Unten links: Eine typische Barockausstattung besitzt die Dorfkirche in Holte.

Unten rechts: In der Bückelter Kapelle sind umfangreiche Malereien aus der Zeit der Spätgotik erhalten.

Ein bekanntes Ausflugsziel ist der Gasthof Röckers in Helte bei Meppen mit seinem imposanten Fachwerkgiebel und den markanten Schnitzfiguren am Eingang zum Kaffeegarten.

Im alten Gasthaus Giese in Bokeloh ist noch der originale Schankraum des alten Fährgasthofes erhalten.

Neben gehobener Gastlichkeit serviert man im Hasetal auch regionale Spezialitäten. Typisch für das Emsland ist der Buchweizen-Pfannkuchen mit Speck, hier garniert mit Apfelmus und Preiselbeeren.

In den historischen Burgmannshöfen residierten einst die Adelsfamilien, die als Burgmannen die Stadt verteidigen mussten. Heute bilden ihre Adelshöfe die passende Kulisse für historische Feste und Aufführungen in der Haselünner Altstadt.

Alle zwei Jahre findet in Haselünne der historische Korn- und Hansemarkt statt. Dann verwandelt sich die gesamte Altstadt in ein mittelalterliches Markttreiben.

Das Brennereimuseum auf dem Berentzen-Hof lockt nicht nur mit Historie.

Dampfrösser im Hasetal: auf der Bahnstrecke der früheren Meppen-Haselünner-Eisenbahn betreiben die Eisenbahnfreunde Hasetal eine Museumseisenbahn.

Leben auf dem Lande im Einklang mit der Natur: Die Häuser, die einst von den Bauern an ihre Landarbeiterfamilien vermietet (= verheuert) wurden, nennt man im Emsland Heuerhäuser. Liebevoll restauriert, dienen sie heute als beliebte Wohnungen auf dem Lande.

Unter hohen Eichen:
Bauernhof in Haselünne-Lohe.

Aus nächster Nähe erlebt man die Natur im Hasetal am besten vom Wasser aus bei einer Kanufahrt.

Beliebt ist das Hasetal besonders bei Radfahrgruppen, doch auch Wanderer finden hier ihre Wege.

Der Hünenweg führt zu zahlreichen Großsteingräbern und urgeschichtlichen Denkmälern.

Von Meppen bis Haren

Nördlich von Meppen gewinnt das Emstal an Weite. Hier nutzt die Schifffahrt den immer breiter werdenden Fluss als Teil des Dortmund-Ems-Kanals.

Wenn es in Meppen mal richtig kracht, dann kommt der Donner wahrscheinlich vom „Krupp'schen Schießplatz". Wo sich einst der Kaiser und ausländische Staatsgäste beim „Völkerschießen" der Kanonenfabrik Krupp ein Stelldichein gaben, erprobt heute die Bundeswehr Waffen und Gerät. 40 bis 50 Kilometer weit reichen die Schießbahnen bis auf den Hümmling hinauf. Und auf diesem Gelände liegt mit der „Tinner Dose" eines der letzten noch unberührten großen Hochmoore Niedersachsens, wo Tiere und Pflanzen sich vom gelegentlichen Kanonendonner wenig beeindrucken lassen und froh sein können, dass ihnen der Schießbetrieb weiteren menschlichen Zugriff vom Leibe hält.

In Meppen endet der eigentliche Dortmund-Ems-Kanal. Ab der Hasemündung wurde nämlich der Emslauf selber für die Schifffahrt ausgebaut. Mit der Begradigung von Emsbögen und mit „Durchstichen" in weit ausladenden Flussschleifen wurde die Ems den Erfordernissen der Kanalschifffahrt angepasst. Außerhalb des ausgebauten Flussbettes blieben jedoch zahlreiche Altarme und Flussschleifen bestehen. Die bekannteste ist das „Borkener Paradies" nördlich von Meppen. Dort findet man in einer alten Flussschleife der Ems eine einzigartige Hudelandschaft, die seit Urzeiten nur extensiv als Viehweide genutzt wurde. Das offene Dünengelände zeigt ein urtümliches Landschaftsbild mit Strauchwerk und Magerrasen, wie es früher an vielen Stellen entlang der Ems zu finden war. Das Borkener Paradies bietet aber nicht nur ein malerisches Landschaftsbild, sondern auch einen wichtigen Rückzugsraum für viele bedrohte Tier- und Pflanzenarten, die auf die besonderen Lebensbedingungen von Binnendünen und Magerrasen angewiesen sind.

Weithin sichtbar ragt der Kühlturm eines früheren Gaskraftwerkes in Meppen-Hüntel aus der flachen Landschaft hervor. Seine Außenfläche ist mit einer überdimensionalen Weltkarte bemalt. Nach der Stilllegung des Kraftwerkes ist auf dem Werksgelände ein „Fun Park" mit zahlreichen Ferienhäusern und Freizeiteinrichtungen in Planung.

Etwa auf halber Strecke zwischen Meppen und Haren liegt das alte Kirchdorf Wesuwe. Einen Blick in die dortige Pfarrkirche sollte man ebenso wenig versäumen wie einen Besuch im Heimathaus mit einem originalgetreu wieder aufgebauten Bauernhaus aus dem 17. Jh.. Regelmäßig finden dort folkloristische Veranstaltungen und Vorführungen alter Landmaschinen und Traktoren statt.

Zwischen Meppen und Haren ist die Ems schon auf eine erhebliche Breite angewachsen. Behäbig nimmt sie hier den Lauf durch das flache, breite Flusstal, das allenfalls noch von ein paar Dünen eingerahmt wird. Hin und wieder gleitet ein Frachtschiff durch die flache Landschaft. Der Flussquerschnitt, die Schleusen und die vielen engen Kurven bringen für die moderne Binnenschifffahrt zahlreiche Einschränkungen mit sich. Doch für Freizeitskipper und Kanufahrer bietet die Ems auch hier ideale Bedingungen.

Das traditionelle Zentrum der Emsschifffahrt war Haren. Noch heute ist die Schifferstadt an der Ems ein bedeutender Reedereistandort, und Schiffe unter Harener Reedereiflagge fahren auf allen sieben Weltmeeren. Auch für die Binnenschifffahrt ist der Harener Industriehafen nach wie vor ein wichtiger Liegeplatz und Werftstandort. Der neu angelegte Euro-Hafen auf halber Strecke zwischen Haren und Meppen hat sich in kürzester Zeit zu einem bedeutenden Umschlagort zwischen Binnenschifffahrt, Straße und Schiene entwickelt.

Das Schifffahrtsmuseum Haren liegt am Abzweig der Ems zum Haren-Rütenbrock-Kanal, einer wichtigen Verbindung zwischen der Ems und dem nieder-

Linke Seite: Die Herrenmühle liegt malerisch am Stadtrand von Meppen.

Das Kreishaus in Meppen ist der Verwaltungssitz des Landkreises Emsland.

Seit Urzeiten der Natur überlassen ist das „Borkener Paradies" bei Meppen. Auf den Emsdünen blieb eine einzigartige „Hudelandschaft" erhalten, die einst als extensive Viehweide genutzt wurde.

ländischen Kanalnetz. Von deutschen wie niederländischen Freizeitkapitänen wird diese Querverbindung gerne genutzt.

Unter den zahlreichen Museumsschiffen findet man auch die legendäre „Harener Pünte", das typische Ems-Flussschiff, das mit seinem flachen Kiel auch bei niedrigem Wasserstand auf der Ems fahren konnte. Der charakteristische abgeflachte Bug erlaubte die Anlandung an jeder beliebigen Stelle, um das Treidelpferd oder die Bootsmannschaft zum Antrieb des Bootes per Muskelkraft an Land zu lassen, denn einen Motor hatten die Pünten natürlich nicht. Bei günstigem Wind konnte mit ihnen gesegelt werden, stromabwärts ließ man sich einfach mit der Flussströmung treiben. Doch die Fahrt mit einer voll beladenen Pünte emsaufwärts gegen die teilweise erhebliche Strömung forderte den Treidelpferden und der Mannschaft schon manches ab. Kaum zu glauben, aber seit dem 19. Jh. trauten sich manche Harener Kapitäne mit ihren Pünten bis auf die Nord- und Ostsee hinaus. Sie begründeten den Ruhm der Harener Schiffer als die eisernen Männer auf ihren hölzernen Schiffen.

Auf Schritt und Tritt trifft man in Haren auf die Spuren der Seefahrt: Reedereigebäude und Kapitänshäuser findet man an vielen Stellen im Stadtgebiet mit seinem ebenso geschäftigen wie gemütlichen Zentrum. Ein bekanntes Wahrzeichen der Schifffahrtsstadt ist der Harener Emslanddom, ein gewaltiger neubarocker Kuppelbau aus dem Jahre 1908, der mit seiner etwas exotisch anmutenden Bauweise wohl nicht zuletzt den Wohlstand und die Weltläufigkeit der Harener Schiffer dokumentieren sollte. Mit Stifterbildern und Buntglasfenstern haben sich die St. Nikolaus-Schiffergilde und viele Kapitänsfamilien hier verewigt.

Der bekannteste Adelssitz im Raum Haren ist zweifellos Schloss Dankern. Das liegt freilich weniger an dem gut erhaltenen Barockschloss als an dem bekannten Freizeitzentrum auf dem Schlossgelände.

Ein Freizeitpark mit unzähligen Spielgeräten, einer Wasserrutsche und zahlreichen weiteren Attraktionen für Kinder und Jugendliche, ein Ferienhausgebiet sowie der Dankern-See mit Bademöglichkeiten und einer Wasserskianlage haben Dankern seit Jahrzehnten zu einem beliebten Ferienziel für Familien mit Kindern gemacht.

Das Schloss selber, es wird nach wie vor von den adeligen Besitzern des Gutes, der Familie von Landsberg, bewohnt, bildet heute eine Insel der Ruhe im Trubel des viel besuchten Freizeitzentrums. Die dreiflügelige, reich mit Sandsteinornamenten und Figuren dekorierte Barockanlage aus der Zeit um 1680 wurde im 19. Jh. um ein Obergeschoss erweitert, konnte aber seine Grundstruktur bewahren. Im linken Seitenflügel befindet sich die im Barockstil eingerichtete Schlosskapelle. Im Hauptflügel ist der Rittersaal mit einer historischen Raumausstattung erhalten. Gezeigt wird dort auch das Porträt der „bösen Frau von Martels". Sie machte sich durch ihre Habgier bei den Bauern so unbeliebt, dass man nach ihrem Tode der Leiche den Eintritt in die Kirche verweigerte. So musste sie in der Schlosskapelle beigesetzt werden, konnte dort aber keine Ruhe finden und spukte nachts im Schloss umher. Erst später, als man die Grabplatte entfernte, hatte der Spuk ein Ende.

So können die Besucher heute unbesorgt an den Schlossführungen teilnehmen, die regelmäßig angeboten werden.

Nachfolgende Doppelseite: Die Erinnerung an die alte Emsschifffahrt bleibt im Schifffahrtsmuseum Haren lebendig.

HELENE

HAREN I
THEA ANGELA
THEA ANGELA

Wie unberührt blieb die Natur im „Borkener Paradies" bei Meppen sich selber überlassen. Im zugewachsenen Altarm der Ems haben sich Teichrosen, Froschbiss und viele andere Wasserpflanzen angesiedelt. Sterbende Baumriesen geben der Landschaft einen urtümlichen Charakter. Auf den Dünen findet man Heideflächen und Magerrasen mit wilden Veilchen.

Ems- und Kanalschifffahrt

Die Flussschifffahrt auf der Ems blickt auf eine lange Tradition zurück, die bei den Anwohnern noch heute lebendig ist. Bekannt waren vor allem die „Harener Püntker“, die mit ihren hölzernen Flachschiffen, den so genannten „Pünten“, die Emsschifffahrt beherrschten und sich manche Auseinandersetzung mit den anliegenden Grundstückseigentümern lieferten. Streit gab es vor allem um die „Treidelpfade“, die Leinpfade entlang des Ufers, die von den Zugpferden der Pünten benutzt wurden. Auch die Emsflößerei spielte bis in das 19. Jh. eine wichtige Rolle. Aus den waldreichen Gegenden am Oberlauf der Ems konnte man auf diesem Wege bequem Holz für den Haus- und Schiffbau in die waldarmen Küstenregionen transportieren.

Wegen der extremen Wasserschwankungen hat man die Emsschifffahrt im 19. Jh. auf den Ems-Seitenkanal und später auf den Dortmund-Ems-Kanal umgeleitet. Schiffbar für moderne Transportschiffe ist die Ems heute auf ihrem Unterlauf unterhalb der Hasemündung in Meppen. Von dort führt sie als schiffbarer Fluss zu den Häfen in Haren, Papenburg, Leer und Emden.

Oberhalb von Meppen nutzt die Schifffahrt den in den Jahren 1892 bis 1899 erbauten Dortmund-Ems-Kanal. Er verband, unter Umgehung der niederländischen Wasserstraßen, das rheinisch-westfälische Industriegebiet mit dem deutschen Seehafen Emden. Von Dortmund aus führt er in einem weiten Bogen durch das Münsterland und trifft in Bevergern auf den Mittellandkanal, wo er seinen Weg in das Emsland nimmt und etwa zwei Kilometer oberhalb von Hanekenfähr in die durch ein großes Wehr aufgestaute Ems mündet. Hier zweigt der ab 1870 erbaute Ems-Vechte-Kanal von der Ems ab. Er bildete seinerzeit eine Verbindung zum niederländischen Kanalsystem, und über den Kanal wurden auch die Dampfkessel der Nordhorner Textilindustrie mit Steinkohle versorgt. Heute dient er nur noch der Freizeitschifffahrt. Ab Hanekenfähr folgt der Dortmund-Ems-Kanal einem 1820 erbauten Vorgänger, dem so genannten Haneken- oder Emskanal, von dem noch einige alte Schleusen als Baudenkmäler erhalten sind. In Meppen mündet der Dortmund-Ems-Kanal schließlich (kurz: DEK) in die ausgebaute Ems.

Im Laufe der letzten einhundert Jahre wurde der Kanal immer wieder für größere Schiffe ausgebaut. Auch derzeit ist eine Erweiterung in Planung. Schon seit den 30er Jahren existieren auch Planungen für einen neuen Ems-Seiten-Kanal, den auch moderne Binnenschiffe problemlos passieren könnten und der alle größeren Städte und Ortschaften weiträumig umgehen würde. Die Trasse für diesen Kanal ist schon seit vielen Jahrzehnten für jede andere Bebauung gesperrt. Über einen Teilabschnitt führt heute die Transrapid-Magnetschwebebahn zwischen Lathen und Dörpen.

Der Haren-Rüten-brock-Kanal wird heute vorwiegend von Freizeitkapitänen genutzt.

Schiffsoldtimer auf dem Dortmund-Ems-Kanal bei Varloh.

Seit Jahrhunderten ist die Ems ein wichtiger Schifffahrtsweg zwischen dem westfälischen Binnenland und den Seehäfen an der Emsmündung.

Freie Bahn für Freizeitschiffer heißt es an der Klappbrücke am Haren-Rütenbrock-Kanal. Er verbindet die Ems mit dem niederländischen Wasserwegenetz.

Gezähmte Natur:
Exakt geschnittene Buchsbaumeinfassungen und Heckenbogen am Bauerngarten des Müllerhaus im Mühlenmuseum Haren.

Ein Ausritt auf dem Reiterhof Junkern-Beel im Emstal bei Haren ist für junge Reiterinnen ein besonderes Naturerlebnis.

Hier geht's rund: Die historische Mersmühle bildet das Zentrum des Mühlenmuseums Haren mit seinen zahlreichen Aktivitäten. Eine Ausstellung informiert über die Geschichte und Entwicklung der Mühlentechnik. In den Sommermonaten finden auf dem Mühlenhof viele Konzerte und Veranstaltungen statt.

Landleben wie vor 150 Jahren: altes Fachwerk, historische Agrartechnik und der Bauerngarten mit einem alten Flechtzaun auf dem Heimathof Wesuwe vermitteln einen anschaulichen Einblick vom Leben im Emsland zu Urgroßmutters Zeiten.

Tradition und Moderne I: Landidylle für Urlauber auf dem Ferienhof Gut Landegge und Strandleben am Dankernsee im Ferienzentrum Schloss Dankern.

Tradition und Moderne II: Das romantische Landgut Düneburg, heute Mittelpunkt eines Golfplatzes, und der Neubau von Binnenschiffen auf der Harener Kötter-Werft.

Den Stolz und den Wohlstand der Schifferstadt Haren dokumentiert der dortige „Emslanddom" im Baustil des Neubarock. Das mächtige Gotteshaus ist italienischen Kuppelbauten der Barockzeit nachempfunden und stellt in der Kirchenbaukunst des Emslandes eine Besonderheit dar.

Inmitten des Ferienzentrums Schloss Dankern findet man die barocke Schlossanlage. Durch ein reich dekoriertes Portal gelangt man in den Innenhof des Schlosses. Die sehenswerte Schlosskapelle kann im Rahmen von Führungen besichtigt werden.

Das Bourtanger Moor

Einst galt das Moor als lebensfeindliche Wildnis und nutzloses Ödland. Heute zählt es mit seiner einzigartigen Tier- und Pflanzenwelt zu den geschützten Lebensräumen.

Warum Annette von Droste Hülshoff im 19. Jh. auf die Idee kam, es sei schaurig, durch das Moor zu gehen, müsste man heutigen Besuchern des Naturparks Moor wohl erst einmal erklären, so gründlich hat sich das Verhältnis des Menschen zu Natur und Umwelt, Ödland und Moor in den letzten Jahrzehnten gewandelt.

Heute ist das Moor ein geschätzter, aber bedrohter Lebensraum für seltene Tier- und Pflanzenarten. Früher aber galt gerade das Bourtanger Moor als scheinbar endlose Reserve der Natur für Brenntorf, Viehweiden und Siedlungsraum. Auf einer Ausdehnung von fast 70 Kilometern erstreckte sich dieses Hochmoorgebiet einst beiderseits der deutsch-niederländischen Grenze von Wietmarschen im Süden bis zum Rheiderland im Norden.

Über einen Zeitraum von vielen tausend Jahren bildete sich das Hochmoor. Maßgeblich war dabei eine kleine, unscheinbare Pflanze mit einmaligen Eigenschaften, das im Wasser nährstoffarmer Moore wächst – das Torfmoos (Sphangum). Es schwimmt im Wasser und benötigt keine Wurzeln zur Nahrungsaufnahme, sondern erhält seine Nährstoffe von oben, z.B. durch das Regenwasser. Die abgestorbenen Teile des Torfmooses lagerten sich am Grund des Moores ab, wurden dort jedoch nicht biologisch abgebaut, sondern bildeten gemeinsam mit Resten anderer Pflanzen eine dauerhafte Torfschicht. Über dieser im Laufe der Zeit immer stärker werdenden Schicht wuchs das Moor ganz allmählich auf. Wenn dieser Prozess über Jahrtausende anhielt, erhob sich das einstige Niederungsmoor allmählich als Hochmoor linsenförmig über seine Umgebung hinaus und überlagerte im Laufe der Zeit sogar flache Sandinseln. Pflanzen und Bäume starben durch den steigenden Wasserspiegel ab, und ihre Reste lagerten sich ebenfalls in den Torf ein. So schuf sich das winzige Torfmoos einen immer größeren Lebensraum, der für andere Pflanzenarten nur noch schwer zu besiedeln war.

Nur hoch spezialisierte Tier und Pflanzenarten, etwa der „fleischfressende" Sonnentau, die Moosbeere oder die Blumenbinse, können im Hochmoor existieren, das für sie einen wichtigen Lebensraum bildet. Nur in den Randbereichen der Hochmoore, wo zunehmend Nährstoffe aus der Umgebung zur Verfügung stehen, wird das Tier- und Pflanzenleben vielfältiger. Diese Flächen bilden einen wichtigen Puffer zwischen der Außenwelt und dem empfindlichen Hochmoor. Denn wenn man dem Hochmoor zu viele Nährstoffe zuführt, wird das Torfmoos von anderen Pflanzen verdrängt. Und entzieht man dem Hochmoor das Wasser, so stirbt das Torfmoos rasch ab. Diese Entwicklung war und ist im Bourtanger Moor an vielen Stellen zu beobachten.

Keine Straße und kein Weg führten einst durch das unendliche und völlig siedlungsleere Moor. Doch seit dem Mittelalter begannen die Anrainer von allen Seiten aus, ganz allmählich das Hochmoor trocken zu legen, den Torf abzubauen und am Rande des Moores Flächen für neue Siedlerstellen zu kultivieren. Der Wasserspiegel des Hochmoores sackte allmählich ab, erste Inseln hoben sich aus dem Moorgebiet hervor und bald entstand auf einem flachen Sandrücken im Morast zwischen Heede und Vlagtwedde eine erste Passage zwischen dem Emsland und der niederländischen Provinz Groningen. Diese so genannte „Boerentange" erlangte rasch strategische Bedeutung und wurde auf holländischer Seite durch eine mächtige Grenzfestung gesichert. Diese in den letzten Jahrzehnten vollständig rekonstruierte Festungsstadt Bourtange zählt heute zu den meistbesuchten touristischen Zielen in den östlichen Niederlanden.

Im späten 18. Jh. legten die Fürstbischöfe von Münster am Ostrand des Bourtanger Moores eine

Linke Seite: Unendliche Weiten bis zum Horizont zeigt die Landschaft im Hochmoor.

Spuren des Torfabbaus sind die Torfsoden und Torfbülten im Dalumer Moor.

Im Mai verwandelt das Wollgras das Moor in eine riesige weiße Ebene.

ganze Reihe von Moorkolonien an, darunter Hebelermeer, Lindloh, Rütenbrock, Neusustrum, Neudersum und Neurhede. Doch die Träume von neuen Siedlerstellen und blühenden Landschaften im Moor platzten rasch. Auf dem unkultivierten Mooruntergrund konnte sich die Landwirtschaft kaum entwickeln. Die Verkehrsanschlüsse und die Infrastruktur waren mangelhaft. Bald versanken die Moorkolonien in Not und Elend. Über einen Zeitraum von fast 150 Jahren stockte jeder wirtschaftliche Fortschritt in den Moorkolonien, von denen einige schließlich zu Notstandsgebieten erklärt werden mussten. So entstand das emsländische Sprichwort: „dem ersten den Tod, dem zweiten die Not, dem dritten das Brot", das sich auf die ersten Generationen einer Kolonistenfamilie im Moor bezieht.

Seit dem 19. Jh. nahm sich der preußische Staat der Erschließung der Moorgebiete an, kam dabei aber zunächst aufgrund technischer und organisatorischer Probleme kaum voran. Nach dem Ersten Weltkrieg schmiedete die neue Republik im Rahmen der Siedlerbewegung neue Pläne und legte an vielen Orten im Emsland auf kultiviertem Ödland neue Siedlerstellen an. An eine systematische Erschließung der riesigen Flächen im Bourtanger Moor war aber angesichts der Finanzlage des Staates nicht zu denken. Ab 1933 versuchten dann die Nationalsozialisten durch den Einsatz von Reichsarbeitsdienst, politischen Gefangenen, Justizsträflingen und schließlich von Kriegsgefangenen die Moorkultivierung voran zu bringen. Auf dem kultivierten Moorgrund wollte der Reichsarbeitsdienst gar „eine neue Provinz für den Führer" schaffen, doch jenseits tönender Propaganda blieben die tatsächlichen Erfolge sehr gering.

Schon Anfang der 30er Jahre hatte man von der Emsbrücke in Wachendorf bei Lingen bis hinauf nach Rhede mitten durch das Moorgebiet die „Nord-Süd-Straße" als Erschließungsachse für die geplanten Siedlerdörfer angelegt. Dort entlang entstanden dann aber ab 1933 mehrere der berüchtigten „Emslandlager", in denen zunächst politisch Verfolgte und Strafgefangene, später dann Kriegsgefangene interniert und durch Arbeit im Moor geschunden wurden. Mehrere Lagerfriedhöfe erinnern bis heute an dieses vielleicht traurigste Kapitel in der Geschichte des Moores.

Die endgültige Kultivierung des Bourtanger Moores gelang jedoch erst ab 1950 im Rahmen des Emslandplanes. Dabei ging man systematisch von Norden nach Süden voran. Bald entstanden im nördlichen Emsland die ersten Siedlerdörfer wie Brual-Moor, Rheder Moor, Dersum-Moor, Walchum, Sustrum-Moor und Niederlangen-Siedlung. Aus den deutschen Ostgebieten vertriebene Flüchtlingsbauern wurden hier ebenso angesiedelt wie die Söhne emsländischer Landwirte.

Damals war es das erklärte Ziel der Planer, das Erscheinungsbild der neuen Landschaftsräume und Ortskerne mit vielen Grüngürteln und Baumbeständen so anzulegen, dass sie sich auf Dauer vom traditionellen Siedlungsland kaum noch unterscheiden würden. Und wirklich, wer heute durch diese Dörfer fährt, wird kaum noch erkennen, dass deren Landschafts- und Siedlungsbild vor kaum mehr als 50 Jahren am Reißbrett entworfen wurde.

Zur Entwässerung des Hochmoores und zur Erschließung der Moorflächen entlang der niederländischen Grenze wurde im späten 19. Jh. zwischen Georgsdorf im Süden und Rütenbrock im Norden der Süd-Nord-Kanal angelegt. Dieser Verkehrsweg erschloss hier erstmals geeignete Standorte für die industrielle Abtorfung des Moores. Bald siedelten sich im Bourtanger Moor zahlreiche Betriebe der Torfindustrie an, darunter die bekannten Firmen Griendtsveen und die Klasmann-Werke (heute Klasmann-Deilmann), die sich durch die Entwicklung und den Bau von Großgeräten für den maschinellen Torfabbau einen Namen gemacht haben. Beide Firmen sind heute in vielen Ländern Europas in der Torfverarbeitung und Substratherstellung engagiert.

Der Umfang der Torfproduktion im Emsland war und ist beachtlich. Torf diente einst nicht nur als Torfstreu in Landwirtschaft und Gartenbau, sondern vor allem als Brennmaterial und wurde mit hölzernen Torfkähnen in einen weiten Umkreis geliefert. In Rühle bei Meppen entstand 1924 sogar ein Kraftwerk, das bis Anfang der 70er Jahre mit Brenntorf aus den Emslandmooren versorgt wurde.

Noch heute ist im Bourtanger Moor der großflächige Torfabbau im Raum Schöninghsdorf, Twist, Georgsdorf und Dalum in den Sommermonaten in vollem Gange. Mit modernen Maschinen wird dort auf riesigen Flächen die mehrere Meter starke Torfschicht schrittweise abgebaut. Kleine Feldbahnen transportieren in unwegsamem Gelände den Torf zu den Abfüll- und Verladestationen der Abbaubetriebe. Hier kann man die Mächtigkeit der Torfschichten, aber auch die jahrhunderte alte Nutzung des Moores für den Torfabbau noch hautnah nachvollziehen. Dabei sind die Dimensionen der industriellen Abtorfung beeindruckend, denn an manchen Stellen erstrecken sich die ausgedehnten Abbauflächen über Längen und Breiten von mehreren Kilometern. Der Torf dient heute nicht mehr als Brennstoff, sondern als Grundstoff für Substrate, die hauptsächlich in der Gemüseproduktion und im Gartenbau eingesetzt werden. In den bereits vor Jahrzehnten trocken gelegten Moorgebieten sind die Torfbestände auch heute noch beträchtlich und werden wohl bis weit in das 22. Jh. reichen.

Schon in den 1970er Jahren kamen Überlegungen auf, ob es angesichts der Überproduktion in der Landwirtschaft und angesichts der zunehmenden Bedeutung des Naturschutzes überhaupt noch sinnvoll sei, die restlichen Moorflächen am Südrand des Bourtanger Moores für eine landwirtschaftliche Nutzung zu kultivieren. Einige Jahre später begannen Versuche, die abgetorften Flächen wieder zu vernässen und dort erneut das Torfmoos anzusiedeln. So kann sich dort – allerdings in einem Zeitraum von vielen hundert Jahren – allmählich wieder ein Hochmoor bilden. Zunehmend erkannte man in vergangenen Jahrzehnten

Eine frühe Form der Landwirtschaft im Moor war der Buchweizenanbau, hier die Blüte auf einem Acker im Moormuseum.

Spuren von Torfabbau und Moorkultivierung: Entwässerungsgräben, Torfsoden bis zum Horizont und endlose Torfkuhlen im Dalumer Moor.

Nachfolgende Doppelseite:

Ein typisches Landschaftsbild in den herbstlichen Farben des Moores zeigt dieser einsame Weg mit Birken und Gräsern.

auch den Wert großer zusammenhängender Restmoorflächen für den Naturschutz und als Erholungsraum. Höhepunkt dieser Entwicklung war die Einrichtung des Internationalen Naturparks Bourtanger Moor/Bargerveen im Jahre 2006. Auf einer Fläche von über 14.000 Hektar entsteht dort derzeit beiderseits der deutsch-niederländischen Grenze ein einzigartiger Naturraum, der gleichzeitig auch als touristische Attraktion für alle Liebhaber von Natur und Landschaft dienen wird.

Zentraler Anlaufpunkt im emsländischen Teil des Naturparks ist das Emsland-Moormuseum in Geeste mit seinen Ausstellungshallen zum Thema Moor. Herzstück des Museums ist ein riesiger Ottomeyer-Moorpflug mit zwei Dampflokomobilen. Mit diesen Großpflügen war im 20. Jh. innerhalb weniger Jahrzehnte eine erfolgreiche Kultivierung des Bourtanger Moores möglich, und sie wurden gleichsam zu einem Symbol für den Emsland-Plan. Die Ausstellung zeigt anhand anschaulicher Zeugnisse das Entstehen, die Charakteristik und die wirtschaftliche Nutzung des Moores. Zu Fuß oder mit einer Feldbahn kann ein 30 Hektar großes Außengelände mit einer renaturierten Hochmoorfläche erkundet werden. Ein Siedlerhof vermittelt einen Eindruck von den Lebensverhältnissen der ersten Moorkolonisten.

Vom Moormuseum aus führen Fahrrad- und Autorouten zu zahlreichen Besichtigungsstationen und Aussichtspunkten im Gelände des Naturparks. Die Besucher können so auf vielfältige Weise einen einzigartigen Naturraum mit einer langen Geschichte erleben.

Als Schifffahrtsweg und Entwässerungskanal zugleich wurde der Nord-Süd-Kanal angelegt. Das braune Moorwasser fließt durch die geöffneten Schütten der Schleuse bei Schöninghsdorf.

Neue Dörfer im Hochmoor:
In den heutigen Siedlungen, wie hier am Rathaus der Moorgemeinde Twist, erinnert heute nichts mehr an die Ärmlichkeit früherer Zeiten in den Moorkolonien.

Erste Ansiedlungen im Moor: das alte Bauernhaus auf dem Heimathof Rütenbrock zeigt die traditionelle Landwirtschaft.

Der Emslandplan

Das Emsland zählte noch vor hundert Jahren zu den rückständigsten Gebieten des Kaiserreiches. Die abgelegene, verkehrsmäßig schlecht erschlossene und wirtschaftlich unterentwickelte Region galt als „deutsches Sibirien" und der Begriff „Muffrika" galt als sprichwörtlich für das Emsland. Moor und Heide, Armut und Not prägten das Gesicht vieler Dörfer und Ortschaften.
Seit dem 18. Jh. beschäftigten sich wechselnde Landesherrn und Regierungen mit Planungen zur Kultivierung und Erschließung insbesondere der großen Moor- und Heidegebiete, doch durchschlagende Erfolge konnten sie dabei bis zum Ersten Weltkrieg nicht erzielen. Die Emslandprogramme zu Zeiten der Weimarer Republik zeigten schon Ansätze zu einer systematischen Erschließung der Region, scheiterten aber an der Finanzierung. Der massive Einsatz des Reichsarbeitsdienstes, die Zwangsarbeit von politischen Gefangenen und Kriegsgefangenen in der Zeit des Nationalsozialismus brachte zwar viel Propaganda für die Partei, Tod und Elend für die Gefangenen, aber kaum Erfolge für die Emslanderschließung. Aus der vollmundig angekündigten „neuen Provinz für den Führer im Emsland" wurde nichts!
1945 stand man auch im Emsland vor einem Scherbenhaufen. Gebietsforderungen der Niederländer wurden laut, die den Deutschen im Bourtanger Moor wohl einmal zeigen wollten, wie man Ödland in fruchtbares Ackerland verwandelt und die wohl auch auf die 1942 im Emsland entdeckten Erdöl- und Erdgasvorkommen schielten. Als dann auch noch Millionen Flüchtlinge aus den deutschen Ostgebieten nach Westdeutschland strömten, wurde die Forderung einer Kultivierung und Besiedlung der Moorgebiete immer lauter.
1950 beschloss der deutsche Bundestag den „Emslandplan" und gab damit erhebliche staatliche Mittel für die Kultivierung, Erschließung und Besiedlung des Emslandes frei. Die Moorgebiete sollten kultiviert und mit neuen Bauerndörfern besiedelt werden. Darüber hinaus wurde für die gesamte Region eine leistungsfähige Verkehrserschließung und eine moderne Infrastruktur geplant, um auf dieser Grundlage die Lebensverhältnisse der Bevölkerung zu verbessern und die wirtschaftliche Entwicklung zu fördern.
Innerhalb weniger Jahrzehnte wurden die umfassenden Planungen unter Einsatz enormer öffentlicher Finanzmittel systematisch in die Tat umgesetzt. Der größte Teil der Moorgebiete war Dank des Einsatzes moderner Kultivierungstechniken (Moorpflüge) schon nach etwa 10 Jahren in landwirtschaftliche Flächen umgewandelt und tausende Siedler erhielten in den neu geschaffenen Emslanddörfern eine neue Heimat und eine neue Existenz. Neue Industriebetriebe siedelten sich an und boten attraktive Arbeitsplätze. Not und Elend in den Moorkolonien und Heidedörfern verschwanden. Der Emslandplan legte mit seinen vielen Verbesserungen der Verkehrs- und Infrastruktur somit auch die Grundlagen für die weitere wirtschaftliche Erschließung der Region, die sich längst von einem altem Bauernland in eine moderne Industrieregion gewandelt hat und heute zu den prosperierenden Wirtschaftsräumen Niedersachsens gehört. Kaum eine andere Region in Mitteleuropa hat innerhalb weniger Jahrzehnte ihr Gesicht und ihren Charakter so vollständig verändert wie das Emsland.

An die Zeit der Moorkultivierung in den 1950er-Jahren erinnert der riesige Dampfpflug im Moormuseum. Mit einem Stahlseil wurde der große Pflug zwischen zwei Lokomobilen hin und her gezogen.

Seit alters her nutzte man die Moorgebiete im Emsland zur Energiegewinnung.

Oben: Windkraftanlagen an der Nord-Süd-Straße.

Links: Ölpumpen zur Erdölgewinnung im Dalumer Moor.

Rechts oben: Feldbahn im industriellen Torfbau.

Rechts unten: Blick in die Ausstellungshalle des Erdölmuseums Twist.

SCHWERSPAT
SCHWERSPAT
SCHWERSPAT

Ein Blick über die holländische Grenze lohnt sich.

Links: Die niederländische Grenzfestung Bourtange wurde im Zustand des 17. Jahrhunderts wieder hergerichtet und bildet heute ein beliebtes Ausflugsziel.

Rechts: Auch das Museum im mittelalterlichen Kloster ter Apel zieht viele deutsche Besucher an.

Von Haren bis Papenburg

Unterhalb der Schleuse Herbrum spürt man in der Ems schon die Gezeiten von Ebbe und Flut in der Nordsee. Für die Schiffe der Meyer-Werft bildet der Unterlauf des Flusses das Tor zu den Weltmeeren.

An die Agrargeschichte des Harener Raumes erinnert das Mühlenmuseum rund um die Mersmühle, eine Windmühle am nördlichen Stadtrand. Die Ausstellungsräume sind in mehreren historischen Gebäuden untergebracht, die hier in der Art eines Freilichtmuseums rings um das restaurierte Mühlengebäude neu aufgerichtet wurden. Hier kann man den Weg vom Korn zum Brot nachvollziehen und sich einen Überblick über die Einsatzmöglichkeiten und die Typenvielfalt der Wind- und Wassermühlen verschaffen.

Eine Besonderheit sind die vielen kleinen Adelssitze im Gebiet der Stadt Haren. Sie erinnern noch an jene Zeiten, als Burgen und Zollstationen sich an der Ems entlang aufreihten und zahlreiche örtliche Potentaten um Macht und Einkünfte stritten, bis schließlich die Fürstbischöfe von Münster den gesamten Flusslauf unter ihre Kontrolle brachten.

Dicht an der Ems liegt das Gut Landegge. Es entstand bei der Aufteilung einer großen mittelalterlichen Landesburg des Bischofs von Münster in mehrere Adelssitze. Diese Burg befand sich einige hundert Meter nördlich des heutigen Schlosses Landegge und bestand in ihrem Hauptteil aus einem mächtigen Turm, errichtet aus Findlingssteinen und umgeben von breiten Wassergräben. Im 19. Jh. wurde der Turm abgebrochen und sein Steinmaterial für den Straßenbau verwendet. Die 1686 in Fachwerkbau errichtete Kapelle der Burg blieb erhalten. Sie ist auf einer hohen Wurt (Warft) in der Emsniederung gebaut, um sie vor Hochwasser zu schützen. Im Inneren erinnern zahlreiche Totenschilder mit aufgemalten Wappen noch an die früheren adeligen Besitzer von Landegge.

Das heutige Gut Landegge nördlich von Haren, eine kleine barocke Dreiflügelanlage im Stil des niederländischen Klassizismus, wurde 1695 von dem bekannten Gildehauser Baumeister Wermold Werninck für Wilhelm Dietrich von Schade und seine dritte Ehefrau Agnes von Ittersum errichtete. Schloss Landegge ist heute als Ferien- und Reiterhof weithin bekannt.

Das Gut Düneburg westlich von Haren entstand erst im 18. Jh. unter dem Amtsrentmeister Lipper, der mit Marie Hermine Pictorius verheiratet war, die aus einer bekannten münsterischen Baumeisterfamilie stammte. Die Söhne Wilhelm Ferdinand und Clemens Lipper erbten das künstlerische Talent der Vorfahren und wurden ebenfalls bekannte Architekten. Im schlichten Herrenhaus der Düneburg erinnern zahlreiche Porträtgemälde an die bekannte Baumeisterfamilie. Die Gutsgebäude bilden heute den Mittelpunkt der Golfanlage Düneburg.

Linke Seite: Marina-Hafen an der Ems bei Walchum.

Nördlich von Haren sind Orte wie Lathen, Steinbild, Heede, Dörpen und Rhede malerische Etappenstationen entlang der Ems. In Oberlangen, gegenüber von Lathen am linken Emsufer gelegen, zeigt das Heimathaus auf dem früheren Hof Jänen, wie hier im nördlichen Emsland vor 200 Jahren auf einem Bauernhof gelebt und gearbeitet wurde. Eingerahmt wird die Anlage durch ein kleines Backhaus aus dem 18. Jh. und einen malerischen Bauerngarten.

Lathen liegt malerisch auf einer hohen Düne am rechten Ufer der Ems. An der höchsten Stelle des Ortes steht die im gotischen Stil erbaute Pfarrkirche St. Vitus, umrahmt von den eng angelegten Gassen des historischen Ortskerns. Gegenüber der Kirche befindet sich das Bauernhaus Poll-Wolbeck, eine typische Hofanlage im Stil eines Gulfhauses. Dieser in Ostfriesland entstandene Bauernhaustyp mit großem Wirtschaftsgebäude und angebautem Wohnhaus ist auch im nördlichen Emsland allgemein verbreitet. Schöne Beispiele dieses Bautyps findet man auch in den landschaftlich reizvollen Lathener Ortsteilen Kathen-Frackel und Fresenburg. Dort erinnert eine

Moderner Schilderbaum bei Dörpen.

Richtung Norden und dann immer geradeaus führt der Ems-Radweg entlang des Flusses zwischen Heede und Rhede.

schlichte Kapelle bis heute an die frühere Fresenburg, die einst das Emsland vor den Einfällen raubender Friesen schützen sollte.

Von besonderem Reiz ist das unmittelbar am Emsufer gelegene Dorf Steinbild mit seiner mittelalterlichen Pfarrkirche. Ihr Inneres birgt die „Muttergottes der Fahrensleute", eine wertvolle Marienstatue aus dem 14. Jh., die einst von den Emsschiffern sehr verehrt wurde.

Das alte Kirchdorf Dörpen hat sein Ortsbild durch die Industrialisierung in den vergangenen Jahrzehnten stark verändert. Am Heimathaus mit seinen weitläufigen Parkanlagen blieb ein Alt-Dörpener Gulfhaus erhalten. Der frühere Wirtschaftsteil beherbergt heute ein Papiermuseum. Die Papierproduktion hat in Dörpen keine sehr lange Tradition, aber gewaltige Ausmaße. Der finnische Papierproduzent UPM Kymmene Fin betreibt dort eine der größten und modernsten Papierfabriken Europas, die mit ihren riesigen Werksanlagen die östliche Silhouette des Ortes markiert.

Beschaulicher geht es im linksemsischen Raum zu. Dort war das Dorf Heede in den 1930er Jahren Schauplatz einer umstrittenen Marienerscheinung. Etliche Male soll die Gottesmutter dort einigen jungen Mädchen erschienen sein und ihnen eine Botschaft übermittelt haben. Die Mädchen wurden von der Gestapo verhaftet und verhört, blieben aber bei ihren Aussagen. Kirchlicherseits ist die Marienerscheinung in Heede nicht offiziell anerkannt, doch täglich kommen Einzelpilger und Pilgergruppen nach Heede, um hier zu beten und die Gottesmutter um Hilfe in besonderen Anliegen zu bitten. Der mutmaßliche Erscheinungsort auf dem Friedhof hinter der alten Kirche ist wie ein Wallfahrtsort ausgebaut und wird von weitläufigen Grünanlagen mit Kapellen, einem Kreuzweg und verschiedenen Gebetsstätten eingerahmt. Auch wer an die Marienerscheinung nicht so recht glauben mag, findet hier einen idealen Ort der Ruhe und Einkehr.

Der nördlichste Ort des Emslandes links der Ems ist die Gemeinde Rhede mit den malerischen Emsdörfern Borsum, Brahe und Brual. Rhede selber besitzt eine sehr gut erhaltene mittelalterliche Pfarrkirche, die heute als Gedenkstätte dient, und einen ansehnlichen „Emsland-Dom" von 1912 im neuromanischen Stil. Das Landwirtschaftsmuseum in einem alten Gulfhaus zeigt die traditionelle „muskelbetriebene" Landwirtschaft im nördlichen Emsland. auf einer Fläche von über 700 Hektar befinden sich im Deichvorland der

Ems ausgedehnte Naturschutzgebiete mit Altarmen, Überschwemmungsgebieten und Flutmulden, die zu jeder Jahreszeit reizvolle Landschaftsbilder bieten. Bei geführten Fahrradrouten kann man die Geheimnisse der Emsauen ergründen und die Natur vor und hinter dem Deich erleben.

Gegenüber von Rhede liegt rechts der Ems Aschendorf, einst münsterischer Vorort im nördlichen Emsland, heute ein Ortsteil von Papenburg. Die Pfarrkirche St. Amandus gilt als die älteste Missionszelle der Region und birgt zahlreiche Kunstschätze, darunter Teile eines großen spätgotischen Schnitzaltars und zahlreiche Skulpturen aus der Barockzeit.

Ein besonderer kultureller Anziehungspunkt in Aschendorf ist das Gut Altenkamp, errichtet um 1730 als Sitz des Emsland-Drosten Hermann Anton Bernhard von Velen durch den münsterischen Architekten Peter Pictorius den Jüngeren. Der zweigeschossige Backsteinbau mit nur leicht vortretenden Seitenflügeln unter einem mächtigen Satteldach präsentiert sich von außen vergleichsweise schlicht. Im Inneren sind umfangreiche Wandmalereien aus dem 18. Jh. erhalten. Regelmäßig werden Ausstellungen mit Kunstwerken aus dem Bestand der Stiftung Preußischer Kulturbesitz gezeigt. Empfehlenswert ist ferner ein Spaziergang durch die wiederhergestellten barocken Gartenanlagen des Gutes.

In dieser Form wohl einzigartig ist die Stadtanlage in Papenburg. Die heutige Kanalstadt wurde 1630 vom münsterischen Amtsdrosten Dietrich von Velen nach niederländischem Vorbild als erste deutsche Fehnkolonie (nl. Moor) in einem unwegsamen Moorgebiet gegründet. Entlang eines neu angelegten Kanals errichteten die Siedler ihre Häuser, bauten den Torf ab und kultivierten das Moor. So entstand die eigenartige Siedlungsform einer Stadt entlang von rund 30 Kilometern Haupt- und Nebenkanälen. Als das Moor schließlich abgetorft war, mussten die Sied-

Eine Feierabendbank unter einem uralten Buchsbaum im Bauerngarten beim Heimathaus Oberlangen lädt zu einer Rast ein.

Neue Wege für Freizeit und Wohnen am Wasser eröffnet der Marina-Hafen in Walchum.

ler sich nach neuen Erwerbsmöglichkeiten umschauen. Als versierte Torfschiffer engagierten sie sich bald in zwei neuen Wirtschaftszweigen: dem Schiffbau und der Schifffahrt. Beide Elemente dominieren bis heute das Stadtbild mit seinen vielen Kanälen.

Die gigantischen Schiffbauhallen der Papenburger Meyer-Werft ragen schon aus vielen Kilometern Entfernung aus dem flachen Emstal auf. 1795 aus einer der einst über 200 kleinen Schiffbauwerkstätten der Kanalstadt gegründet, entwickelte sie sich zu einem der leistungsfähigsten Schiffbaubetriebe der Welt. Anfangs baute Meyer – wie alle anderen in Papenburg – einfache Holzschiffe, die bald von mutigen Papenburger Kapitänen auf der Nord- und Ostsee und schließlich auf allen sieben Weltmeeren gesteuert wurden.

Rechtzeitig erkannte die Meyerwerft die Zeichen der Zeit und stellte die Produktion auf Metallschiffe mit Dampfantrieb um. 1874 lief hier der eiserne Raddampfer „Triton" vom Stapel. Später konzentrierte sich die Werft frühzeitig auf den Bau von Spezialschiffen, vom Feuerschiff über Fährschiffe und Gastanker bis zum Viehtransporter für ganze Schafherden. Das vielleicht bekannteste Schiff der Werft ist die „Graf Goetzen", die vor dem Ersten Weltkrieg bei Meyer gebaut und dann, wieder in tausende Einzelteile zerlegt und in Kisten verpackt, an den ostafrikanischen Tanganjikasee verfrachtet wurde, um dort die kaiserliche deutsche Kolonialflotte zu verstärken. Der Erste Weltkrieg brachte bald das Ende des deutschen Kolonialreiches, doch die Graf Goetzen fuhr weiter und erlangte als „African Queen" in dem gleichnamigen Film mit Humphrey Bogart und Katharine Hepburn Berühmtheit. Bis heute ist das legendäre, mittlerweile fast 100 Jahre alte Meyer-Schiff in Ostafrika unter dem Namen „Liemba" im Einsatz.

Seit den 1980er Jahren hat sich die Meyer-Werft auf den Bau von immer größeren und immer luxuriöseren Kreuzfahrtschiffen spezialisiert und sich damit international einen Namen gemacht. Nicht nur für die Werft ist es heute ein Großereignis, wenn die fertigen Schiffe durch die enge Seeschleuse und die eigens aufgestaute Unterems in die Nordsee überführt werden. Die Kaianlagen und Ufer sind dann auf vielen Kilometern gesäumt von Touristen, die den faszinierenden Anblick eines Kreuzfahrtriesen unmittelbar genießen möchten oder die vielleicht auch selber von einer Kreuzfahrt träumen. Längst ist die Meyer-Werft nicht nur der bedeutendste Wirtschaftsbetrieb und Arbeitgeber in der Region (rund 2500 Mitarbeiter), sondern mit jährlich rund 300.000 Besuchern auch der größte touristische Anziehungspunkt im Emsland. In einem eigenen Besucherzentrum auf der Werft können sich die Besucher über den Schiffbau bei Meyer informieren und werden von dort aus durch die Produktionshallen geleitet.

Die Werft verlagerte 1975 ihren Standort aus der Innenstadt an die Seeschleuse am unteren Stadtrand Papenburgs. Hier wurden die Produktionsstätten kontinuierlich erweitert. 1987 entstand bei Meyer eines der größten überdachten Baudocks der Welt, das später noch einmal um 100 Meter verlängert wurde. Hier und in einem zweiten, 2001 errichteten, entstehen die anspruchsvollen Kreuzfahrtschiffe. Das größte Baudock umfasst mittlerweile eine Länge von über 500 Metern. Heute verfügt die Meyer-Werft über die weltweit modernsten Anlagen im Schiffbau.

Im März 2009 lieferte die Werft das Clubschiff „AIDAluna" an den Auftraggeber AIDA-Reisen. Drei weitere Schiffe dieses Typs folgen 2010, 2011 und 2012. Im Juli 2009 wurde das zweite von insgesamt fünf neuen Luxuslinern für die Reederei Celebrity Cruise fertig gestellt. Ihre Schwesterschiffe liefert Meyer ebenfalls in den Jahren 2010, 2011 und 2012 ab. 2011 und 2012 werden außerdem zwei Kreuzfahrtschiffe an die Reederei Disney Cruise ausgeliefert. Mit einer Bruttoraumzahl (BRZ) von 124.000 werden dies die größten jemals auf der Meyer-Werft gebauten Schiffe sein.

Bei einer Fahrt von der Werft in Richtung Stadtzentrum und weiter entlang des Hauptkanals kann man die Stadtentwicklung Papenburgs Abschnitt für Abschnitt nachvollziehen. Die Seeschleuse und ihr Vorläufer, der alte „Drostensiel", bildeten die Verbindung zwischen der einstigen Moorkolonie und der schiffbaren Unterems. Bis heute bildet diese Schleuse das Nadelöhr für alle Schiffe von und nach Papenburg, ja selbst für die großen Kreuzfahrtschiffe der Meyer-Werft.

Zwischen der Seeschleuse und der Eisenbahnlinie (Rheine–Emden) befindet sich heute ein ausgedehnter Industriehafen. Östlich der Eisenbahn liegt das historische Zentrum der Industrie- und Seefahrtsstadt Papenburg. Hier pulsierten im 19. Jh. Hafenverkehr und Schiffbau. Die alte Meyer-Werft (heute Kulturzentrum Alte Werft), verschiedene historische Industrieanlagen sowie ansehnliche Kapitänshäuser und Industriellenvillen bestimmen noch immer das Bild. Auch der „Papenburger Zeitspeicher", eine stadtgeschichtliche Ausstellung in einer früheren Ölmühle, und das Heimatmuseum im einstigen Papenburger Amtssitz haben hier ihr Domizil.

Kilometerweit ziehen sich von hieraus die Wohn- und Geschäftshäuser des so genannten „Unterendes" den Hauptkanal entlang. Im Zentrum steht die Pfarrkirche St. Antonius, eines der Hauptwerke der Neugotik im Bistum Osnabrück (von Architekt Alexander Behnes, 1877). Etwas weiter steht das 1913 erbaute Rathaus, errichtet in einen Mix aus Jugendstil und Neubarock.

Richtung „Binnenland" wird die Bebauung allmählich immer lockerer. Einige Kilometer weiter liegt dann am Oberende ein weiteres städtisches Zentrum mit der neuromanischen Pfarrkirche St. Michael, weithin markiert durch den Kirchturm ihres Vorgängerbaus in Gestalt eines Leuchtturmes. Entlang des Bethlehem-Kanals und des Splittingkanals nimmt das Ortsbild dann immer stärker den Charakter einer alten Moorkolonie an. Und wie die ersten Siedler hier vor zwei- oder dreihundert Jahren lebten, kann man im Freilichtmuseum der von-Velen-Anlage anschaulich nachvollziehen.

Die Erinnerung an die einstige münsterische Landesburg zum Schutz der Emsländer vor den Ostfriesen hält die Kapelle in Landegge wach.

Friederike

Vorhergehende Doppelseite:

Das Museumsschiff vor dem Rathaus in Papenburg dokumentiert die lange maritime Tradition der bekannten Schiffbaustadt.

Gezähmter Barock und gezähmte Natur: Haus Altenkamp bei Aschendorf mit seinen ausgedehnten barocken Gartenanlagen war einst der repräsentative Wohnsitz des Emslanddrosten.

Von dem malerisch gelegenen kleinen Wasserschloss Haus Campe stammte Emmy von Dincklage (1825 – 1891), die bekannte Schriftstellerin des Emslandes.
Typisch für die kleineren Herrensitze im Emsland ist die Bauweise der Gutsgebäude aus Fachwerk.

Die auf den Bau von großen Kreuzfahrtschiffen spezialisierte Papenburger Meyer-Werft ist nicht nur der größte Industriebetrieb, sondern auch die meistbesuchte touristische Attraktion im Emsland.

JOS.L.MEYER PAPENBURG
Celebrity SOLSTICE

An die bescheidenen Anfänge der Moorkolonie und an die Kanalstadt Papenburg erinnern die Siedlerhäuser der van-Velen-Anlage und das Denkmal des Torfschiffers. Die Hallen der alten Meyer-Werft sind heute ein Industriedenkmal und werden als Kulturzentrum und Ausstellungshallen genutzt.

Die Tradition der Papenburger Seeschifffahrt halten die Museumsschiffe am Hauptkanal lebendig. Sie geben dem Stadtzentrum von Papenburg sein besonderes Flair und sind auch eine Attraktion für Touristen.

Natur aus Menschenhand: Die wiedervernässten Torfabbauflächen am Küstenkanal bei Papenburg sollen sich zu neuen Moorflächen entwickeln.

Eine Landschaft vom Reißbrett mit Autobahn, Mastställen und Windrädern entstand auf den früheren Moorflächen bei Rhede.

Der Hümmling

Einst galt der Hümmling als ein Inbegriff von entlegenen Heidegebieten, Rückständigkeit, Armut und Einsamkeit. Geblieben ist nur die Einsamkeit, die viele dort heute in der weitläufigen Landschaft für sich suchen.

Der Hümmling zählte noch vor 150 Jahren zu den entlegensten und rückständigsten Heidelandschaften Nordwestdeutschlands. Einsam ist es dort an vielen Stellen immer noch, aber mit der Rückständigkeit ist es vorbei.

Die Heideflächen sind zwar verschwunden, interessant ist das Landschaftsbild aber auch weiterhin. In der weitläufigen Hügellandschaft wechseln ausgedehnte Feldfluren mit schier endlosen Kiefernwäldern. Viele Alleen durchziehen die offene Landschaft. Und dazwischen liegen die Niederungen von Nordradde, Mittelradde und Südradde mit ihren Feuchtwiesen und Weidegründen. Den drei Wasserläufen der Radde verdankt der Hümmling sein abwechslungsreiches Landschaftsbild. Alle drei verlaufen parallel von Nord nach Süd, durchziehen dabei die hügeligen Sandrücken und münden schließlich bei Herzlake, Haselünne und Meppen in die Hase bzw. in die Ems. Unterwegs trieben die Radden einst zahlreiche Wassermühlen an, von denen einige bis heute erhalten sind, etwa die Mühle Bruneforth bei Stavern. Die bekannteste Mühle auf dem Hümmling ist zweifellos die Hüvener Mühle, eine einzigartige Kombination von Wind- und Wassermühle. Sie gehört zu den bekannten Ausflugszielen im Emsland und ist heute in ein Parkgelände mit Infozentrum und Gastronomie eingebettet. An den Wochenenden und in den Sommermonaten ist die Mühle für den Publikumsverkehr geöffnet.

Bei einem Besuch des Hümmlings fallen einem sofort die eng bebauten Dorfkerne mit ihrem typischen Siedlungsbild auf. Viele von ihnen haben ihre überlieferten Strukturen bis heute bewahrt, etwa Lähden, Lahn, Werpeloh, Spahnharrenstätte oder Lorup mit dem Heimathaus und dem Dorfgemeinschaftshaus „Krulls Hus". In manchen Dörfern findet man noch den „Brink", den traditionellen Platz, häufig mit einem malerischen Teich. Zu entdecken sind solche Dorfplätze etwa in Vrees und in Börger, wo der Heimatverein ein Bauernhaus im typischen Stil eines Althümmlinger Hauses bewahrt hat.

Von den nördlichen Anhöhen des Hümmling in Börgerwald, Surwold oder Esterwegen hat man einen weiten Blick auf die großen Moorgebiete, die sich hier bis nach Ostfriesland erstrecken. Dort, in der Einsamkeit der Moore entlang des Küstenkanals, errichteten die Nationalsozialisten im August 1933 das Konzentrationslager Esterwegen. Mehrere Jahre lang wurden dort politische Gefangene ohne Gerichtsurteil inhaftiert, denen später Strafgefangene folgten. Im Zweiten Weltkrieg kamen auch von Wehrmachtsgerichten verurteilte Häftlinge sowie Widerstandskämpfer aus den besetzten Ländern Westeuropas nach Esterwegen. Die Lagerinsassen wurden zu harter Arbeit im Moor gezwungen, viele durch größte körperliche Strapazen bei schlechter Versorgung zu Tode geschunden. Der bekannteste politische Häftling in Esterwagen war der Schriftsteller und Friedensnobelpreisträger Carl von Ossietsky, der später an den Folgen der Haft starb. Im benachbarten Lager Börgermoor entstand damals das Lied von den „Moorsoldaten", das schon bald international bekannt wurde als Zeugnis des Widerstandes gegen die NS-Herrschaft.

Insgesamt gab es im Emsland und in der Grafschaft Bentheim 15 der berüchtigten „Emslandlager". In diesen starben fast 30.000 Menschen, die meisten davon Kriegsgefangene aus der Sowjetunion. Der Landkreis Emsland hat in Zusammenarbeit mit dem „Dokumentations- und Informationszentrum Emslandlager" in Papenburg das ehemalige Lager Esterwegen zu einer zentralen Gedenkstätte für die Opfer der nationalsozialistischen Verfolgung in den Emslandlagern ausgebaut. Auch das Bistum Osnabrück setzte mit der Einrichtung eines kleinen Klosters auf dem früheren Lagergelände in Esterwegen ein Zeichen, um die Erinnerung an das Leiden der Häftlinge wach zu

Linke Seite: Unter knorrigen Eichen duckt sich das Großsteingrab von Bruneforth bei Stavern.

Ein origineller Wegweiser zu Moor und Heide steht in Spahn-Harrenstätte.

Die Weiten des Hümmlings zeigt die offene Wiesenlandschaft an der Nordradde bei Groß Berßen.

halten und dem Gedenken an die Opfer von Terror und Gewalt einen geistlichen Raum zu geben.

Einst war der ursprünglich dicht bewaldete Hümmling ein beliebtes Jagdrevier der Fürstbischöfe von Münster, die diesen Landstrich im Mittelalter erworben hatten. Von den ausgedehnten Waldgebieten auf dem Hümmling blieb schließlich nur ein Forstbezirk bei Sögel übrig. Dort ließ sich Fürstbischof Clemens August, Kurfürst von Köln und aus dem bayrischen Hause der Wittelsbacher stammend, in den Jahren 1737 bis 1747 ein Jagdschloss errichten. Als Architekten wählte er den berühmten westfälischen Barockbaumeister Johann Conrad Schlaun, der hier die „Perle des Emslandes" schuf.

Die aus einem Zentralbau und acht kreisförmig angeordneten Pavillons bestehende Schlossanlage bildet den Mittelpunkt eines Wegesystems aus acht sternförmig angelegten Lindenalleen, die als „Jagdstern" den Clemenswerther Forst strahlenförmig durchziehen. Diese Sternform mit ihren Blickachsen auf das Schloss erleichterte einst den Jägern die Orientierung im unübersichtlichen Waldgelände. Clemenswerth ist der einzige noch erhaltene barocke Jagdstern weltweit. Im Zentrum der Anlage steht das eigentliche Jagdschloss, dessen filigran gegliederte Bauweise an eine Pagode erinnert. Die geschickt in den komplizierten Raumkörper eingefügten Innenräume zeigen eine prunkvolle Einrichtung im Stil des Rokoko. Besonders wirkungsvoll sind das Treppenhaus und der zentrale Festsaal ausgestattet. Viele Räume in diesem Hauptgebäude zeigen noch ihre originale Einrichtung.

Der Mittelbau ist umringt von acht eingeschossigen Pavillons mit Mansardendächern. Einer der Pavillons trägt einen kleinen Glockenturm. In diesem Gebäude befindet sich eine im reichen Stil des süddeutschen Rokoko dekorierte Kapelle, an die sich rückwärtig ein kleines Kapuzinerkloster anschließt. Die Clemenswerther Schlosskapelle wird nicht ohne Grund auch als „nördlichste Barockkapelle Bayerns" bezeichnet, denn zu ihrer Einrichtung ließ Schlaun süddeutsche und italienische Künstler nach Clemenswerth kommen.

Das Schloss ist heute als Museum für jedermann zugänglich. In den Pavillons befinden sich Ausstellungsräume zur barocken Jagd und zur Person des Fürstbischofs Clemens August, ferner Sammlungen von Porzellan und Fayencen, Mobiliar und Kunstgewerbe aus seiner Zeit. Hinzu kommt als ein weiterer Schwerpunkt des Museums moderne Keramik.

Die ausgedehnten Parkanlagen aus Alleen, Wäldern, Teichen und dem romantischen Klostergarten mit Taxushecken laden zu einem Spaziergang ein.

Einmal jährlich an einem lauschigen Sommerabend lädt Schloss Clemenswerth zu einem „kleinen Fest im großen Park" ein. Dann verwandelt sich die barocke Parkanlage in ein buntes Stelldichein von Künstlern und Komödianten, die dem Publikum niveauvolle Unterhaltung vor historischer Kulisse bieten.

Ein stilles Kontrastprogramm zu diesem munteren Treiben bilden die stummen Zeugen der grauen Vorzeit, denen man auf dem Hümmling allenthalben begegnet. Grabhügelfelder, vor allem aber Großsteingräber säumen den Weg, in besonders dichter Folge an der bekannten „Hünengräberstraße" zwischen Groß Berßen und Hüven.

Hünen, so nannte man hier die Riesen, die nach der Vorstellung der alten Emsländer mit ihren gewaltigen Kräften einst diese Grabanlagen errichtet haben sollen. Und unter einem dieser Monumente, dem Königsgrab bei Berßen, soll gar ein König begraben liegen.

Unheimlich sind sie bis heute, die aus riesigen Findlingsbrocken errichteten Grabanlagen, deren Steine jedoch einst mit Erde bedeckt waren, und die von weitem aussahen wie ein großer Erdhügel. Warum haben die Menschen der Jungsteinzeit diese Bauten vor viereinhalb tausend Jahren für ihre Toten errichtet? Aus Angst vor Dämonen oder wilden Tieren? Glaubten sie an ein Weiterleben nach dem Tod? – Man wird es wohl nie erfahren.

Heute stehen die meisten erhaltenen Großsteingräber in kleinen Naturschutzgebieten unter dem Schatten uralter Eichen und eingerahmt von knorrigen Eichen, Wacholderbüschen und Heidekraut. Wenn im frühen Morgenlicht oder an langen Sommerabenden die Sonnenstrahlen durch die Blätter der Eichen auf die altersgrauen Granitblöcke fallen, die von eigenartigen Flechten und Moosen überwachsen sind, wenn der Tau auf den Gräsern und im Heidekraut hängt und dann aus den Wiesen der Nebel aufsteigt, dann ist die Stimmung an den Gräbern der Vorzeit auch heute noch geradezu mystisch.

Dabei hat die touristische Erschließung dieser frühen Zeugnisse menschlicher Baukunst längst begonnen. Große Hinweisschilder, Parkmöglichkeiten und gut ausgebaute Fußwege erleichtern den Zugang. Eine Hünengräberroute für Wanderer und die „Straße der Megalithkultur" machen die Bauten der Toten heute zu einem touristischen Event.

Ein bekanntes Relikt früherer Heidenutzung ist der alte Schafstall bei Börger.

Das Jagdschloss Clemenswerth mit seinen barocken Prunkräumen, dem Schlossmuseum und seinen vielen Veranstaltungen bildet in den Sommermonaten einen kulturellen Mittelpunkt des Emslandes.

Vorhergehende Doppelseite:

In einem entlegenen Jagdrevier auf dem Hümmling ließ Fürstbischof Clemens August ab 1737 das Schloss Clemenswerth errichten. Das Hauptschloss mit einem Kranz von acht Pavillons bildet das Zentrum des einzigen vollständig erhaltenen barocken Jagdsterns in Deutschland.

Die Haselünner Burgmannskapelle auf dem Clemenswerther Schlosshof.

Einen Höhepunkt im Jahreskalender auf Schloss Clemenswerth bildet in jedem Herbst die Schleppjagd mit der Cappenberger Meute.

Linke Seite: *Hier müssen die Räder niemals still stehen: Die Hüvener Mühle zeigt eine einzigartige Kombination von Wind- und Wassermühle.*

Das Denkmal vor Krulls Hus in Lorup erinnert an die Hümmlinger Hollandgänger.

Eine moderne Gestaltung zeigt der Eingang zum Kloster auf dem Gelände des früheren Konzentrationslagers Esterwegen.

Auf Augenhöhe mit den Baumwipfeln: Zu den beliebten Ausflugszielen auf dem Hümmling zählt der Kletterwald in Surwold.

Unten: Die Freilichtbühne in Ahmsen ist auf Theaterstücke mit religiösem Hintergrund ausgerichtet.

Die frühere Betschule mit Glockenturm in Ostlähden war einst Schulgebäude und Bauerschaftskapelle zugleich.

An den einstigen Verwaltungsmittelpunkt des Hümmlings erinnert der klassizistische Amtsbrunnen auf dem Marktplatz in Sögel.

Der Ludmillenhof in Sögel diente ab 1831 als Verwaltungs- und Gerichtsgebäude des Arenbergischen Amtes Hümmling und ist heute Sitz der Gemeinde Sögel.

Dörfliche Idylle im Schutz alter Eichen: Der Dorfteich in Börger mit dem Heimathaus im Stil eines alten Hümmlinger Bauernhauses.

Touristische Routen

Emslandroute

Die Emslandroute zählt zu den beliebtesten Fluss-Fahrradrouten in Deutschland und bietet eine Entdeckungstour durch Flusslandschaften und Wälder, Moore und Heiden. Auf über 800 Kilometern gut ausgeschilderter Radwege abseits der Autostraßen entdeckt man außer viel Natur auch die historischen Sehenswürdigkeiten und die modernen touristischen Attraktionen der Region.

Die Route führt zunächst entlang der Ems von Rheine bis Papenburg und dann über den Hümmling, die Burgmannstadt Haselünne und durch das südliche Emsland wieder zurück nach Rheine. Zusätzliche Alternativrouten und Ost-Westverbindungen ermöglichen eine individuelle Routengestaltung oder Routenverkürzungen.

Die Emsland-Route führt durch eine idyllische und reizvolle Landschaft. Historische Städte und Ortschaften bis hin zu attraktiven Zielen wie das Barockschloss Clemenswerth, verschiedene Museen und Kulturdenkmäler werden vorgestellt.

Eine handliche Radwanderkarte mit Informationen und Reisetipps macht die Fahrt auf der Emslandroute zu einem nachhaltigen Erlebnis für jeden Radwanderfreund.

Weitere Auskünfte:
Emsland-Touristik, Ordeniederung 1
49716 Meppen, www.emsland.com

Giebelroute

Zu einer historischen Spurensuche im südlichen Emsland lädt die Giebelroute ein. Abseits der Landstraßen kann man hier den ländlichen Raum in den Samtgemeinden Freren, Lengerich und Spelle erkunden und entdeckt Moor- und Heidelandschaften, flache Hügelketten, eine in vielen Generationen gewachsene bäuerliche Kulturlandschaft mit zahlreichen gepflegten Bauernhäusern aus einem Zeitraum vom 16. bis zum 20. Jahrhundert.

Typisch für das südliche Emsland sind die stattlichen Fachwerkgiebel, die vom Selbstbewusstsein des Bauernstandes künden. Mächtige Eichenbalken mit Schnitzereien und Inschriften erzählen aus der Geschichte der Häuser und ihrer Bewohner. Auf der Giebelroute kann man die Bauweise der traditionellen Bauernhäuser kennen lernen und erfahren, wie sich hier einst das Familienleben von Bauern und Landarbeitern abspielte. Auch ländliche Nebengebäude wie Scheunen, Backhäuser und Schafställe werden im Rahmen der Route vorgestellt sowie 14 Dörfer in den Samtgemeinden Freren, Lengerich und Spelle angefahren.

In einer Tourenmappe mit Kartentasche sind sechs zwischen 30 und 55 Kilometer lange Routen mit den Häusern und Höfen rechts und links des Weges ausführlich erläutert. Sie verrät auch, wo ein gemütliches Hofcafé zur Rast einlädt, ein Hofladen Reiseproviant anbietet oder ein Reiterhof die Besucher anlockt.

Weitere Auskunft:
Touristikverein Freren-Lengerich-Spelle
Mühlenstraße 39
49832 Freren
www.touristikverein-fls.de

Rad-Route Dortmund-Ems-Kanal

Auf einer Strecke von 340 Kilometern Länge führt die Radroute Dortmund-Ems-Kanal vom Ruhrgebiet zur Nordsee. Ausgangspunkt ist Dortmund, von dort geht es nach Waltrop (Schiffshebewerk Henrichenburg) und dann immer am Kanal entlang durch das Münsterland bis Rheine. Durch das südliche Emsland verläuft die Route zum Wasserstraßen-Knotenpunkt Hanekenfähr und dann über Lingen nach Meppen. Dort endet der künstliche Kanallauf und die Route folgt der kanalisierten Ems bis Emden. Von dort kann man per Fähre in das Rheiderland übersetzen und

dort weiterradeln, oder man setzt die Strecke von Emden aus über Norden bis Norddeich fort.
Die Rad-Route Dortmund-Ems-Kanal führt durch unterschiedliche Landschaftsräume des norddeutschen Tieflandes. Unterwegs begegnen einem zahlreiche Monumente der historischen und der modernen Wasserbaukunst, darunter das Schiffshebewerk Henrichenburg, das Emswehr und die alten Schleusenanlagen bei Hanekenfähr, die Seeschleuse in Papenburg und das Emssperrwerk bei Gandersum.

Weitere Auskünfte:
Emsland-Touristik, Ordeniederung 1
49716 Meppen, www.emsland.com

Hase-Ems-Tour

Der Hase-Ems-Radweg führt von der Hasequelle bei Melle aus entlang der Hase durch das Osnabrücker Land und das idyllische Hasetal über Herzlake und Haselünne bis zur Mündung der Hase in die Ems in Meppen. Von dort verläuft die landschaftlich sehr reizvolle Route an der Ems entlang über Lingen nach Rheine und dann durch das nördliche Münsterland über Ibbenbüren zurück nach Osnabrück. Die Gesamtlänge beträgt 265 Kilometer, die Steigungen auf dem Abschnitt zwischen Rheine und Osnabrück sind teilweise beachtlich.
Der Hase-Ems-Radweg verbindet kulturtouristisch interessante Ziele wie die Bischofsstadt Osnabrück, das Kloster Bersenbrück, die historischen Altstädte von Quakenbrück und Haselünne, Meppen und Lingen mit den landschaftlich schönsten Flusspartien und Berglandschaften des Osnabrücker Landes, des Emslandes und des Münsterlandes.

Weitere Auskünfte:
Emsland-Touristik, Ordeniederung 1
39716 Meppen, www.emsland.com
Hasetal-Touristik, Langenstraße 33
49624 Löningen, www.hasetal.de

United-Countries-Tour

Mit einem dichten Netz von Radwegen verbindet die United-Countries-Tour das Emsland und die Grafschaft Bentheim auf deutscher Seite mit den niederländischen Provinzen Drenthe und Groningen. Flüsse und Seen, Moorgebiete und Heideflächen sprechen dabei besonders Naturliebhaber an. Hinzu kommen zahlreiche kulturhistorische Stationen am Wegesrand: Archäologische Denkmäler, ländliche Baukultur, Wind- und Wassermühlen, aber auch interessante moderne Industrieanlagen wie die Meyer-Werft oder die Magnetschwebebahn Transrapid.
Die insgesamt über 600 Kilometer langen Strecken lassen sich beliebig in Tagestouren oder mehrtägige Radwanderungen unterteilen.
Den Schwerpunkt im nördlichen Emsland bildet eine rund 190 Kilometer lange „Smokkelroute", die auf alten Schmugglerpfaden in den Südosten der Provinz Groningen führt. Die einstigen Schleichwege der Schmuggler verlaufen durch eine dünn besiedelte Region mit weiten Wiesen und Feldern, vielen Wasserläufen und viel, viel Natur.

Weitere Auskünfte:
www.united-countries.net
oder über die Emsland-Touristik
Ordeniederung 1, 49716 Meppen
www.emsland.com

Touristische Routen

Pionier-Route und Pionier-Autorouten

Die rund 250 Kilometer langen Radwege der Pionier-Route bilden den südlichen Abschnitt der United-Countries-Route und verbinden das Emsland und die Grafschaft Bentheim mit der niederländischen Provinz Groningen. Die Geschichte der Besiedlung der Moore ist in diesem Raum noch deutlich nachvollziehbar. Langgestreckte Ortschaften entlang früherer Moorkanäle lassen die Spuren der ersten Siedler erkennen. Auch das Emsland-Moormuseum und der Veenpark Bargerveen sind in die Route einbezogen.

Aktuelle Entwicklungen zeigt das Naturschutzgebiet Bargerveen, wo sich auf einer Fläche von rund 2000 Hektar ein neues Moorgebiet bildet. Auch die modernen Anlagen der Erdöl- und Erdgasförderung werden angefahren.

Die Pionier-Radrouten werden ergänzt durch die Pionier-Autorouten. Drei unterschiedliche Themenrouten führen auf die Spuren der Pioniere in Veen und Moor, zeigen die zwei Kulturen diesseits und jenseits der Grenze und weisen den Weg zu den Energiequellen im Moor.

Weitere Auskünfte:
www.pionierrouten.eu
oder über die Emsland-Touristik
Ordeniederung 1, 48716 Meppen
www.emsland.com

Deutsche Fehnroute

Die 1992 als Radwanderroute eingerichtete Deutsche Fehnroute hat ihren Ausgangspunkt in Papenburg und führt von dort aus 170 Kilometer durch die langgestreckten Fehndörfer entlang der Moorkanäle im Emsland, im Saterland und im ostfriesischen Binnenland. In einem weiten Bogen durch Ostfriesland verläuft sie anschließend bis Leer und von dort die Ems entlang zurück nach Papenburg.

Unterwegs kann man auf der Route an vielen Stellen erfahren, wie durch die Fehnkultur aus wüsten Moorgebieten blühende Landschaften wurden und welche Besonderheiten die Siedlungsform der Fehnkolonien auszeichnen. Brücken und Kanäle, Moore und Windmühlen, Torf und Gartenbau sind typische Motive entlang der Strecke.

Weitere Auskünfte:
www.fehnkultur.de oder über die Papenburg Tourismus GmbH Ölmühlenweg 21,
26871 Papenburg, www.papenburg-touristik.de

Straße der Megalithkultur

Die im Frühjahr 2009 eröffnete Straße der Megalithkultur verbindet auf einer Länge von 310 Kilometern 33 archäologische Stationen im Weser-Ems-Gebiet. Sie führt von Osnabrück durch das südliche Emsland nach Meppen, von dort über den Hümmling nach Cloppenburg und weiter durch die Wildeshauser Geest bis Oldenburg.

Die Strecke verbindet landschaftlich reizvolle Naturräume mit den interessantesten archäologischen Stätten Nordwestdeutschlands und trägt zu einem besseren Verständnis der Lebenswelt jener Menschen bei, die vor über 5000 Jahren in Norddeutschland gelebt haben. Stationen im Gelände, zumeist jungsteinzeitliche Großsteingräber, thematisieren Jenseitsvorstellungen, Naturverständnis und Alltagsleben der Megalithkultur. In einigen Fällen führt die Straße auch zu bronze- und eisenzeitlichen Grabhügelfeldern, die eine Veränderung und Ablösung der Megalithkultur in den nachfolgenden Epochen sichtbar machen.

Weitere Auskünfte:
www.strassedermegalithkultur.de
oder über das Ausstellungszentrum für Archäologie des Emslandes
An der Koppelschleuse 19 a
49716 Meppen, www.emsland.de

Tipps und Hinweise

Museen und Heimathäuser

Das Emsland verfügt über ein dichtes Netz von Museen, die gemeinsam die Geschichte und Kultur der Region präsentieren.
Das Archäologische Zentrum in Meppen zeigt die Anfänge der menschlichen Besiedlung im Emsgebiet, deren bekannteste Zeugen, die Großsteingräber, an vielen Orten noch erhalten sind.
Die Landesgeschichte der Region wird im Emslandmuseum Lingen thematisiert, das in zwei historischen Gebäuden in der Lingener Altstadt Zeugnisse der Stadt- und Landesgeschichte, sakrale Kunst und Kirchengeschichte sowie regionale Malerei und emsländische Antiquitäten präsentiert.
Das Schlossmuseum in Clemenswerth widmet sich neben der Geschichte des barocken Jagdschlosses auch der Herrschaft der Fürstbischöfe von Münster im Emsland. Die Schlossanlage liegt in einem barocken Landschaftspark mit einem vollständig erhaltenen Jagdstern und zählt zu den bekanntesten touristischen Attraktionen Niedersachsens.
Das ebenfalls aus der Barockzeit stammende Gut Altenkamp im Papenburger Stadtteil Aschendorf zeigt regelmäßig Kunstausstellungen sowie herausragende Präsentationen aus dem Bestand der Stiftung Preußischer Kulturbesitz.
Eindrucksvolle Zeugnisse der jüngeren Geschichte der Region zeigt das Emsland-Moormuseum in Geeste in seinen modernen Ausstellungshallen und einem ausgedehnten Freigelände mit intakt erhaltenen Hochmoorflächen. An die berüchtigten Emslandlager in der Zeit des Nationalsozialismus erinnern das Dokumentations- und Informationszentrum für die Emslandlager (DIZ) in Papenburg und die Gedenkstätte auf dem Gelände des früheren Konzentrationslagers Esterwegen.
Die Museumspädagogik mit attraktiven Angeboten für Kinder, Jugendliche und Erwachsene wird in allen Emslandmuseen groß geschrieben.
Mehrere Heimatmuseen stellen die emsländische Landwirtschaft in ihren verschiedenen Entwicklungsstufen dar. Informationen über die traditionelle Landwirtschaft mit Pferde- und Muskelkraft findet man im Landwirtschaftsmuseum Rhede, im Heimathaus Wesuwe und dem Heimathaus Emsbüren. Alle drei Museen sind in historischen Bauernhäusern untergebracht.
Das Mühlenmuseum in Haren zeigt in einer restaurierten Mühle und weiteren alten Fachwerkgebäuden den traditionellen Weg vom Korn zum Brot.

Die Technisierung der Landwirtschaft wird im Landmaschinenmuseum in Spelle thematisiert. Weitere Ausstellungsstücke zu diesem Bereich findet man in den Sammlungen zahlreicher Heimathäuser.
Das alte Handwerk bildet den Schwerpunkt im Stadtmuseum Aschendorf, in den Heimathäusern Haselünne und im Handwerksmuseum des Heimathauses Freren.
In vielen Orten im Emsland finden sich über die Museen hinaus auch lokale Heimathäuser mit mehr oder weniger umfangreichen Sammlungsbeständen zur Ortsgeschichte.

Hofcafés, Melkhüskes und Bauernläden

Eine besonders beliebte Form der Landgastronomie sind die vielen Hof- und Bauerncafés im Emsland. Die meisten davon findet man entlang der überregionalen Fahrradrouten, und gerade auf Radtouristen ist man dort mit Unterstellmöglichkeiten für die Drahtesel, Portionen für Schwerarbeiter und Tipps für den weiteren Verlauf der Route bestens eingestellt.
Die Hofcafés bieten aber auch eine gute Möglichkeit, das Landleben im Emsland einmal aus erster Hand kennen zu lernen, denn die meisten sind auf Bauernhöfen oder inmitten landwirtschaftlicher Betriebe eingerichtet, zumeist sogar in umgenutzten landwirtschaftlichen Gebäuden wie Bauernhäusern, früheren Schafställen oder Backhäusern.
Betreiber der Hofcafés sind in der Regel die Bäuerinnen selber, die sich hier neben der traditionellen Landwirtschaft ein zweites Standbein auf ihrem Hof

geschaffen haben. Sie bringen dabei ihre Kochkünste und Kenntnisse aus der ländlichen Hauswirtschaft ein. Kuchen und Brot werden hier fast überall noch selbst gebacken und auch Schinken und Wurst stammen oft aus eigener Produktion. Hier sind das typische Bauernfrühstück („viel und gut") und die gediegene emsländische Kaffeetafel („reichlich und lecker") noch lebendig. Doch darüber hinaus bieten die Hofcafés auch die knackig-frischen Köstlichkeiten der modernen Küche. In den meisten Bauernhofcafés kann man in einem angeschlossenen Bauernladen noch weitere Erzeugnisse des Hofes erwerben, etwa Obst und Gemüse der Saison, Kartoffeln, selbst gemachte Marmelade, selbst gebackenes Brot sowie hausgemachte Wurstspezialitäten. Gelegentlich wird das Angebot durch Produkte

anderer Selbstvermarkter ergänzt. Zu den bekanntesten Hofcafés im südlichen Emsland zählen das „Bauernhofcafé in't Hürhus" in Mehringen und „Enkings Mühle" bei Emsbüren, „Querdels Hofcafé" in Gleesen unweit Hanekenfähr, der „Hummelhof" und „Feldmanns Backhaus" in Elbergen, das „Moorcafé" in Spelle, das „Café Autmaringsche Mühle" in Schapen, „Evers Landhaus" bei Freren und das Hofcafé Wahoff in Andervenne. Im Hasetal und im mittleren Emsland sind das Hofcafé „An der Biberburg" in Lahre und das Bauernhofcafé „Up de Deele" in Bückelte bei Haselünne, der „Kräuterhof Rosen" in Bramhar bei Bawinkel, das „Bauerngasthof-Café" Übermühlen bei Meppen und das Bauernhofcafé Meutstege in Haren zu nennen. Regionales Flair besitzen auch die „Hümminger Teestuben" in Sögel, das Café an der Hüvener Mühle und das Museumscafé im Landwirtschaftsmuseum Rhede.

Im nördlichen Emsland laden außerdem mehrere „Melkhüskes" Radler, Wanderer und Reiter zu einem kulinarischen Zwischenstopp auf einen Bauernhof ein. Dort gibt es vorzugsweise „kuhle" Milchprodukte, von erfrischenden Eisshakes und Buttermilch, Jogurt und Quark bis zu Käse und Käsesalaten. Man findet solche Melkhüskes dort u.a. bei Familie Schweers in Walchum, auf dem Hof Reiners in Haren-Emen und bei Specker-Dünhöft in Rhede.

Bei einem Besuch eines Bauernhofes mit Hofcafé, Hofladen oder Melkhüsken wird der gastronomische Boxenstopp zum touristischen Erlebnis.

Emden
A31
A29
Dollart
Leer
A28
DEUTSCHLAND
Oldenburg
Ems
Küstenkanal
A28
Rhede
Papenburg
EMSLAND
Aschendorf
Bourtange
NIEDERLANDE
Heede
Esterwegen
Surwold
Dörpen
A29
Lorup
Walchum
Börger
Transrapid
Hümmling
Vrees
Ter Apel
A1
Lathen
Spahnharrenstätte
Werlte
Rütenbrock
Oberlangen
Sögel
Cloppenburg
Stavern
Haren
Hüven
Emmen
Ahmsen
Groß Berßen
Wesuwe
Lähden
Löningen
Hamburg
Bremen
Berlin
Emsland
Düsseldorf
Frankfurt
DEUTSCHLAND
A31
Meppen
Hase
Herzlake
Bourtanger Moor
Haselünne
Schwefingen
Twist
Groß Hesepe
Bawinkel
Dalum
Gersten
Holthausen
Handrup
Langen
Lengerich
Wietmarschen
Lingen
Freren
Elbergen
Bramsche
Nordhorn
Lünne
Bramsche
Emsbüren
Mittelland-Kanal
A1
Spelle
A30
Schüttorf
Bad Bentheim
Salzbergen
Ibbenbüren
Rheine
A30
Osnabrück
Ems
A1
Enschede
A31
10 km

Impressum

Umwelthinweis:
Der Inhalt dieses Buches wurde auf Papier mit chlorfrei gebleichtem Zellstoff gedruckt.
Das Einbandmaterial ist recyclebar.

Die Deutsche Bibliothek – CIP Einheitsaufnahme

Emsland
Ein Stück näher zur Natur
Richard Heskamp, Andreas Eiynck
Steinfurt; Tecklenborg Verlag, 2009
ISBN: 978-3-939172-51-2
1. Auflage 2009

Siemensstraße 4, D-48565 Steinfurt

Gesamtherstellung: Druckhaus Tecklenborg, Steinfurt

ISBN: 978-3-939172-51-2